Ludwig Fulda

Amerikanische Eindrücke

Verone

Ludwig Fulda

Amerikanische Eindrücke

1st Edition | ISBN: 978-9-92500-098-2

Place of Publication: Nikosia, Cyprus

Erscheinungsjahr: 2016

TP Verone Publishing House Ltd.

Nachdruck des Originals von 1906.

Ludwig Fulda

Amerikanische Eindrücke

Verone

Inhalt

Einleitung

Werden Sie über Amerika schreiben?

Von allen Fragen, die ich während meines Aufenthaltes in den Vereinigten Staaten im Vorfrühling 1906 liebenswürdigen Gaſtfreunden oder berufsmäßigen Aushorchern zu beantworten hatte, wurde mir keine häufiger geſtellt als dieſe. Der Amerikaner, mit wie berechtigtem Stolz er auch ſeine Selbſtherrlichkeit fühlt und betont, hat doch ein unwiderſtehliches Verlangen, ſich im europäiſchen Spiegel zu ſehen. Nichts verſtimmt ihn tiefer, als wenn dieſer Spiegel, wie es leider noch allzu oft geſchieht, ein Zerrbild zurückwirft; nichts berührt ihn wohltuender, als wenn er darin die Züge treu wiedergegeben findet, die ihm an ſeinem eigenen Weſen als die wertvollſten erſcheinen. Während das alte Europa jeder auswärtigen Kritik mit der vollendeten Gleichgültigkeit des blaublütigen Ariſtokraten gegenüberſteht, der, auf die Verdienſte einer langen Ahnenreihe geſtützt, ſeine Geltung für zu ſelbſtverſtändlich hält, als daß ſie ausdrücklich beſtätigt werden muß oder ernſtlich angefochten werden kann, verfolgt der große Emporkömmling jenſeits des Ozeans jedes fremde Urteil mit dem eiferſüchtigen Argwohn des Neugeadelten, der, ſeiner Vor-

züge sicher, gekannt sein will, um anerkannt zu sein.
Und wer könnte bestreiten, daß Europa von Amerika
besser gekannt ist, als Amerika von Europa? Die ge=
bildeten Amerikaner wissen unendlich viel mehr von uns,
als wir von ihnen; sie widmen unserer Vergangenheit
und unserer Gegenwart ein rastloses Studium; sie
kommen alljährlich in ungezählten Scharen zu uns her=
über, um zu schauen und zu vergleichen, zu beobachten
und zu lernen. Die Zahl der gebildeten Europäer, die
ihnen zu den nämlichen Zwecken einen Gegenbesuch ab=
statteten, war bis jetzt verschwindend klein. Europa liegt
für Amerika schon längst in der Nähe, Amerika für
Europa noch immer in der Ferne.

Zwar hat in den beiden letzten Jahrzehnten sich
manches in dieser Hinsicht gebessert, und der naive
Standpunkt jener wackeren alten Frau, die der Ent=
deckung des Kolumbus ein unüberwindliches Mißtrauen
entgegensetzte, indem sie rundweg erklärte: „Ich glaub'
nicht an Amerika“, gehört der Vergangenheit an. Sogar
die Unwissenheit wird heute durch die stärksten Beweise
genötigt, an Amerika zu glauben. Ja, daß die Ver=
einigten Staaten auf keinem Gebiete mehr als quantité
négligeable betrachtet werden dürfen; daß in ihnen nicht
nur unseren einzelnen Ländern, sondern unserem ge=
samten Weltteil ein gefährlicher Mitbewerber um alle
realen und idealen Güter erwachsen ist, diese Wahrheit
kann man heute auf jeder Gasse hören. Aber um so
eher sollte man einsehen, daß es einer so gewaltigen,
so beispiellosen Erscheinung gegenüber, wie sie in der
Siebenmeilenstiefel=Entwicklung des transatlantischen
Riesenreiches zu Tage tritt, nicht mit ein paar Schlag=

worten getan ift. Amerika will gekannt und verftanden
fein; diefer Forderung, die es felber an uns ftellt,
müffen wir in unferem eigenften Intereffe nachkommen.
Denn einerlei, ob wir den mächtigen Rivalen auf dem
Weltmarkte als Gegner fürchten oder in der Weltkultur
als Bundesgenoffen willkommen heißen, wir haben in
alle Zukunft mit ihm zu rechnen, und jedes falfche Urteil
könnte uns daher verhängnisvoll werden.

Gewiß, die europäifche Literatur über Amerika, ins=
befondere auch die deutfche, weift ausgezeichnete Werke
auf. Aber diefe umfangreichen Schriften, deren wiffen=
fchaftlicher Charakter ihre Wirkfamkeit naturgemäß auf
einen engeren Kreis befchränkt, werden an Zahl durch
andere überboten, die teils durch Voreingenommenheit,
teils durch Oberflächlichkeit, teils durch beides bedenklich
in die Irre führen. Zeitungsartikel und mündliche Be=
richte flüchtiger Befucher tun dann ein übriges, um
fchiefen Halbwahrheiten und törichten Verallgemeine=
rungen ein zähes Leben zu fichern. Nimmt doch unter
den Krankheiten unferer Zeit die Sucht des vorfchnellen
Urteils oder, was dasfelbe fagen will, des fchnellen
Vorurteils, die vorderfte Stelle ein! Jener Reifende,
der in der Eifenbahn einen rothaarigen Deutfchen
namens Müller traf und fich dann in fein Tagebuch
notierte, daß alle Deutfchen rote Haare haben und
Müller heißen, ift der Urtypus für die weitverbreitete
heillofe Menfchenforte, die durch ähnliche Trugfchlüffe
einen großen Teil der Mißverftändniffe zwifchen den
Völkern verfchuldet. Der winzige Ausfchnitt aus einer
unüberfehbaren Gefamtheit, der fich zufällig ihrem Auge
darbot, genügt ihr, um einer Klaffe, einem Volk, einem

Land, einem Weltteil die Etikette aufzukleben. Der
Philister aber ist glücklich, wenn ihm eine solche Etikette
geliefert wird; das betreffende Schubfach in seinem Hirn
hat von jetzt an eine ordnungsmäßige Aufschrift, die er
nicht wieder hergibt bis an sein seliges Ende. Amerika,
das Land des Dollars. Alle Deutschen heißen Müller
und haben rote Haare; alle Amerikaner heißen Rocke=
feller und jagen dem Gelde nach.

Als Thorwaldsen einmal gefragt wurde, wie lange
man wohl brauche, um Rom kennen zu lernen, er=
widerte er: „Ich kann darüber keine Auskunft geben,
denn ich bin erst zwanzig Jahre hier.“ Aber, weshalb soll
man zwanzig Jahre aufwenden, um Rom kennen zu lernen,
da schon ein Tag genügt, um über Rom zu urteilen?

Ein Land wie die Vereinigten Staaten von Amerika
kennen zu lernen, ein Land, dessen Flächenraum unge=
fähr dem von ganz Europa gleichkommt, und dessen
heutige Bevölkerung mehr als achtzig Millionen zählt,
dazu ist ein Menschenleben zu kurz. Nicht einmal irgend
ein geborener Amerikaner wird behaupten wollen, daß
er sein Vaterland in allen seinen Teilen, in allen seinen
Gesellschaftsschichten, in allen seinen Betätigungen kennt.
Sogar der systematische Forscher wird immer nur ein
bestimmtes Gebiet aus dem ungeheuren Komplex von
Tatsachen und Problemen durch eigene Anschauung zu
meistern vermögen; wenn er eine zusammenfassende Dar=
stellung unternimmt, so wird er oft genug den unsicheren
Schluß vom Einzelnen aufs Allgemeine wagen müssen
oder doch sich auf die Forschungsergebnisse anderer ver=
lassen. Der Tourist aber, der sich heutzutage so gerne
zum Reiseschriftsteller entwickelt, wird in Amerika noch

schwerer als in irgend einem anderen Kulturlande zu=
verlässige Beobachtungen vornehmen, endgültige Ein=
sichten gewinnen können. Hier kann er sich nicht an
Denkmäler einer großen Vorzeit, nicht an abgestempelte
Sehenswürdigkeiten halten; hier gilt es nicht, aus der
Vergangenheit die Gegenwart, sondern aus der Gegen=
wart die Zukunft zu erfassen. Und bei dem raschen
Fluß, in dem hier alles begriffen ist, werden seine Dar=
stellungen von der Wirklichkeit oft schon überholt sein,
während er sie veröffentlicht, seine Prophezeiungen wider=
legt, während er sie ausspricht. Dazu kommt, daß die
Eigentümlichkeiten des amerikanischen Lebens nicht in
ihren isolierten Bekundungen, sondern nur in ihrem
organischen Zusammenhang zu verstehen und zu würdigen
sind, und daß sie selbst dann den Betrachter noch täuschen
und verwirren können, zumal wenn er sie, statt nach
ihrem eigenen Maßstab, nach der europäischen Elle mißt.
Denn scheinbar wichtige Abweichungen von unserer Norm
betreffen nur die Außenseite der Dinge, während um=
gekehrt scheinbare Gleichheiten innerliche Gegensätze ver=
bergen. Eben weil die amerikanische Kultur die Tochter
der europäischen ist, droht ihrem Beurteiler eine ähnliche
Klippe wie dem Übersetzer, der ein Werk nicht aus einer
fremden Sprache, sondern aus einer älteren Form der
heimischen Sprache in die heutige Sprachform, also etwa
aus dem Mittelhochdeutschen ins Neuhochdeutsche, zu
übertragen hat. Da sind nämlich eine Menge Worte,
die hüben und drüben völlig gleichlauten, aber durch
allmählichen Bedeutungswandel einen anderen Sinn be=
kommen haben. Wie dort mit den Worten, so geht es
hier mit den Sitten.

Daß ich in der Erkenntnis all dieser Schwierigkeiten mir nicht anmaßen kann, nach einem Aufenthalt von kaum mehr als zwei Monaten allgemeine Urteile zu formulieren, versteht sich von selbst. Und darum habe ich auch die Frage, ob ich über Amerika schreiben werde, drüben jedesmal ohne Besinnen verneint. Ich werde es nicht, so sagte ich ungefähr; aus dem einfachen Grunde nicht, weil mir dazu jede Berechtigung, jede Befähigung mangelt. Ich will höchstens erzählen, was ich selbst gesehen und erfahren habe, mit der ausdrücklichen Bekräftigung, daß ich meinen subjektiven Eindrücken und Erlebnissen keinerlei objektiven Wert beimesse. Aber gerade weil ich viel Schönes gesehen und viel Gutes erfahren habe, darum halte ich es für meine Schuldigkeit, davon Rechenschaft abzulegen. Denn, sofern jeder nur das darstellt, was er mit eigenen Augen erblickte, dann wird aus der Summe solcher Einzelschilderungen ein Gesamtbild erwachsen, das die Wahrheit spiegelt. So sagte ich zu meinen amerikanischen Freunden, und so wiederhole ich im Beginn dieser anspruchslosen Aufzeichnungen, in denen meine Dankbarkeit und meine Aufrichtigkeit einander hoffentlich nicht ins Gehege kommen.

Was die Gelegenheit zu Beobachtungen betrifft, so waren durch die Sonderart meiner Reise von vornherein Nachteile und Vorteile bedingt. Nachteile, da ich über meine Zeit nicht frei verfügen konnte, sondern als Gast der „Germanistischen Gesellschaft von Amerika" ein umfangreiches Arbeitspensum erledigen mußte. Ich hatte innerhalb von zehn Wochen vierunddreißig Vorträge in vierundzwanzig verschiedenen Städten der Union zu

halten, und auch über meine freien Stunden war zu=
meist durch großartige Gastlichkeit verfügt. Man be=
greift, daß ich unter solchen Umständen keine vielseitigen
sozialen Studien machen konnte, sondern in meinen
Wahrnehmungen auf eine bestimmte Sphäre beschränkt
blieb. Aber diese Sphäre — und hierin sehe ich den
wesentlichen Vorteil — war eine geistige; sie brachte
mich sogleich mit den Kreisen der Bildung und des
Wissens in Berührung; sie ließ mich zahlreiche vortreff=
liche Männer und Frauen kennen lernen, die zu den
Besten ihres Volkes gehören und dessen innerliches Auf=
wärtsstreben in der vordersten Reihe verkörpern. Durch
solche Vergünstigung konnte ich in die Werkstätten, wo
an der Zukunft des Landes gearbeitet wird, einen
tieferen Einblick tun, als er dem Touristen oder dem
Reisenden, den lediglich materielle Zwecke über den
Ozean führen, vergönnt ist. Und wenn ich dabei immer
neue erhebende Belege dafür erhielt, daß der Enthusias=
mus für alle höheren Werte des Lebens und der
schwärmerische Eifer, der ihrer Aneignung und Aus=
breitung gewidmet wird, nirgends in der Welt über=
troffen werden kann, so bin ich mir wohl bewußt, daß
ich nicht ohne weiters von den Gipfeln auf die Täler
schließen darf. Aber es will mir doch scheinen, als
könne ein solcher Geist, wie er hier die Führer und
Lehrer der Nation beseelt, auch auf die Massen nicht
ohne Einfluß sein, jedenfalls nicht ohne Einfluß bleiben.

Die „Germanistische Gesellschaft von Amerika", deren
Einladung meine Reise veranlaßte, ist eine der jüngsten
unter den unzähligen gelehrten Vereinigungen des Landes.
Erst Ende 1904 in Newyork gegründet, stellt sie sich

die Aufgabe, „das Studium und die Kenntnis deutscher
Bildung in Amerika und amerikanischer Bildung in
Deutschland zu fördern, durch Unterstützung des Uni-
versitätsunterrichtes auf diesem Gebiete, durch Veranstal-
tung öffentlicher Vorträge, durch Herausgabe und Verbreitung von Schriften und durch andere Mittel, die
dem Gründungszweck entsprechen". Zu ihren Gründern
gehörten Männer wie Karl Schurz, der jüngst verstorbene
allverehrte Bannerträger des amerikanischen Deutschtums,
der vortreffliche Germanist William H. Carpenter und
der bedeutende Anthropologe Franz Boas, beide Professoren an der Columbia-Universität; der reiche Freund
und Förderer deutscher Kultur, Edward D. Adams, der
angesehene deutsche Arzt Dr. Leonard Weber, der General-
vertreter der Hamburg-Amerika-Linie, Emil Boas, dem
seine anstrengende und verantwortungsvolle Berufstätigkeit noch zu ernsthaften Privatstudien Muße läßt,
und andere. Jetziger Vorsitzender der Gesellschaft ist
der Präsident der Columbia-Universität, Murray Butler,
nicht nur durch diese wichtige Stellung, sondern auch
durch seinen Ruf als hervorragender wissenschaftlicher
Pädagoge einer der einflußreichsten Gelehrten des Landes.
Sein berühmter Vorgänger Seth Low, nachmaliger
Bürgermeister von Newyork, und der Historiker Andrew
D. White, in Deutschland bekannt und hochgeschätzt als
früherer langjähriger Botschafter in Berlin, gehören
dem Ehrenpräsidium an; auch der verdiente deutsche
Generalkonsul Karl Buenz befindet sich im Vorstande.

Schon diese Namensaufzählung zeigt das deutsche
und das anglo-amerikanische Element in engster Gemeinschaft; schon aus ihr erkennt man, daß der Wunsch,

zwischen den geistigen Gütern beider Nationen eine innige
Wechselwirkung herzustellen, keineswegs nur die An=
gehörigen und Abkömmlinge unseres Vaterlandes erfüllt,
die drüben eine neue Heimat gefunden haben; daß viel=
mehr in ihm eine erfreuliche Zeitströmung zum Ausdruck
gelangt, die immer weitere Kreise des gebildeten Amerika
ergreift. Die Gründung der Germanistischen Gesellschaft
ist nur eines von vielen Symptomen für das mächtig
anwachsende Interesse, das in den Vereinigten Staaten
deutscher Kultur, Literatur und Wissenschaft dargebracht
wird. Ebenso wie der vom deutschen Kaiser angeregte
Professorenaustausch ein Symptom dafür ist, daß man
diese Bewegung auch auf unserer Seite nicht unterschätzt
und ihr entgegenzukommen sich anschickt. Die Deutsch=
freundlichkeit des Präsidenten Roosevelt hat gewiß zu
ihrer Förderung wesentlich beigetragen; aber der scharf=
sichtige Staatsmann würde wohl schwerlich seine Vorliebe
für deutsche Art und Kunst immer wieder betonen, wenn
er sich dabei nicht mit einem großen Teil der Intellek=
tuellen seines Landes im Einklang wüßte. Nicht nur
er selbst, sondern auch zahlreiche andere Amerikaner, die
heute an maßgebender Stelle wirken, haben entscheidende
Entwicklungsjahre in Deutschland zugebracht; zumal
unter den Universitätslehrern gibt es nicht wenige, die
das Fundament oder die Krönung ihres Wissens deutschen
Hochschulen verdanken. Aber wenn alle diese Männer
mit Überzeugung, ja mit Begeisterung darauf hinarbeiten,
das gegenseitige Verständnis, den gegenseitigen Zu=
sammenhang zu stärken, so muß doch noch ein tiefer=
liegender Grund sie dazu anfeuern. Und in der Tat,
es ist der Glaube, daß zwischen Amerika und Deutsch=

land nicht nur eine Stammesverwandtschaft, sondern
auch eine Wahlverwandtschaft besteht; daß vorwiegend
von dem geistigen Wettkampf und der geistigen Bundes=
genossenschaft beider Völker die Zukunft der Weltkultur
abhängig ist. Dieser Glaube hat meiner ganzen Reise
wie ein guter Stern vorgeleuchtet. Ich müßte blind
und taub durch dieses Land gewandert sein, wollte ich
mich bedenken, ihn aus innerstem Herzen zu teilen.

Die erste Tat der Germanistischen Gesellschaft war,
daß sie an der Columbia=Universität für das akademische
Jahr 1905/06 (die amerikanischen Universitäten rechnen
nicht nach Semestern, sondern nach Jahreskursen) eine
Vorlesung über deutsche Kulturgeschichte fundierte. So=
dann beschloß sie, zwei Redner aus Deutschland zu be=
rufen, einen Gelehrten und einen Schriftsteller; ihre
Wahl fiel zunächst auf den Assyriologen Professor Delitzsch
und auf mich.

Delitzsch hatte nur knappe Zeit zur Verfügung und
mußte sich deshalb auf eine Anzahl von Vorträgen in
Newyork beschränken, während ich, als ich den ehren=
vollen Ruf annahm, mich sogleich bereit erklärte, auch
in anderen Städten zu sprechen. Der unermüdliche
Schriftführer der Gesellschaft, Professor Boas, erließ
infolgedessen ein Rundschreiben an die verschiedenen
Vereine und Korporationen außerhalb Newyorks, die
analoge Tendenzen verfolgen, und bemühte sich, deren
Einladungen in eine nach Zeit und Raum möglichst
praktische Ordnung zu bringen. So hatte ich, noch be=
vor ich die Heimat verließ, den Reiseplan bereits in
der Hand. Hinsichtlich des Programms wurde mir volle
Freiheit gelassen. Ich stellte einige Vorträge über lite=

rarische Themata, sowie Vorlesungen aus meinen Schriften
zur Auswahl.

Ich hatte mich auf eine schlichte Vortragsreise ge=
faßt gemacht. Der Empfang, der mir zu teil wurde,
übertraf nicht nur alle meine Erwartungen, sondern
überstieg auch in ganz unverhältnismäßigem Grade mein
Verdienst. Auch wenn ich zur Selbstüberschätzung neigte,
was ich leider nicht tue (es ist ja so angenehm, über
sich in einem schmeichelhaften Irrtum befangen zu sein),
auch dann hätte ich die Ehrungen, mit denen man mich
überhäufte, unmöglich als meiner Person geltend hin=
nehmen können; und nur weil ich sie für die Sache
hinnahm, die ich nach meinen bescheidenen Kräften ver=
trat, konnte ich ihnen standhalten. Seit Menschengedenken
war kein deutscher Schriftsteller in Amerika öffentlich
aufgetreten; alle Anhänglichkeit der Deutschen an das
alte Vaterland, aller Respekt der Anglo=Amerikaner vor
unserem Schrifttum, alle Sehnsucht beider Elemente nach
Annäherung und Fühlung wurde auf mein unschuldiges
Haupt entladen. Wenn dabei eine Überschwenglichkeit
zu Tage kam, die in unserem skeptischen Europa un=
möglich ist oder doch ihr Opfer unmöglich machen würde,
so war sie jedenfalls nur für mich, nicht für meine
Wirte beschämend. Ihre überall sich gleichbleibende fest=
liche Gastfreundschaft war ihnen patriotische Herzenssache;
sie sollte dartun, daß, wer als Träger irgend eines
idealen Gedankens zu ihnen kommt, nicht an eine fremde
Küste, sondern nur ans andere Ufer der Heimat gelangt
ist. Und wie in ihren Begrüßungsworten stets die
Versicherung wiederkehrte, jeder derartige Besuch diene
einer wichtigen Kulturmission, so durfte ich allerorten

der freudigsten und einmütigsten Zustimmung meiner
Hörerschaft gewiß sein, wenn ich der Hoffnung Ausdruck
gab, daß die Armee derer, die, hüben und drüben einem
gemeinsamen Sternenbanner folgend, keinen anderen
Imperialismus als den des Geistes verfechten wollen,
sich in stetigem Wachstum befinde. Wer die vielver=
kannte Neue Welt von solcher Seite kennen gelernt hat,
dessen Mission scheint mir mit seiner Rückkehr nicht
erschöpft; sie setzt sich fort in der Pflicht, Zeugnis ab=
zulegen von dem großen Menschenfrühling, der dort im
Anbruch begriffen ist. Allzu lange hat man sich mehr
an die Kinderkrankheiten gehalten, die den strotzenden
Volkskörper in oft noch recht häßlichen Erscheinungs=
formen durchzucken, als an sein kerngesundes Mark, das
deren Überwindung verbürgt. Die Amerikaner pflegen
ja nicht wie wir hundert Jahre lang auf den nächsten
entscheidenden Fortschritt zu warten. Was ihnen heute
noch mangelt, das werden sie morgen haben. Wir sind
alt, und sie sind jung. Nach ewigen Gesetzen muß die
Jugend beim Alter in die Schule gehen; aber wehe dem
Alter, das nicht auch von der Jugend lernen will.

Newyork

An einem heiteren, milden Februarmorgen fuhr der herrliche neue Dampfer der Hamburg-Amerika-Linie „Amerika", an dessen Bord ich den Ozean gekreuzt, in die Hudsonmündung ein. Den Abend vorher hatten wir im offenen Meer das Nantucket-Leuchtschiff, das erste, weit vorgeschobene Wahrzeichen des amerikanischen Kontinents passiert; in der Nacht war Sandy Hook erreicht worden; bei Tagesanbruch glitten wir bereits zwischen zwei deutlich sichtbaren Ufern dahin, die ein leichter Duft umschleierte, ohne sie zu verhüllen. Die steigende Sonne hatte ihn bald aufgesogen, und während links in der Nähe Staten Island, rechts in der Ferne Long Island mit sanften, bewaldeten Hügeln unsere weite Fahrbahn umschlossen, konnte das Landschafts-bild fast an einen großen Schweizersee gemahnen. Um-somehr, als nun freundliche Ortschaften mit schmucken Villen und schlanken Kirchtürmen auftauchten und die mich völlig überraschende Lieblichkeit des Gesamteindrucks verstärkten. Gibt doch unsere Phantasie den noch un-gesehenen Dingen zum voraus eine bestimmte Gestalt, auch wenn wir tausendmal durch die Anschauung be-lehrt worden sind, daß die Wirklichkeit, ob sie nun unsere

Erwartungen übertrifft oder hinter ihnen zurückbleibt, auf alle Fälle anders ist, als wir sie uns vorgestellt haben. Dann pflegen beim ersten Anblick Phantasie und Wirklichkeit in einen Kampf zu geraten, bis die letztere, nicht immer mühelos, die Oberhand gewinnt. Hier aber waren es nicht nur die Formen der Land= schaft, die mir die Neue Welt heller, anheimelnder er= scheinen ließen, als ich sie in meiner Vorstellung ge= tragen, sondern vor allem der Himmel, dessen scharfes und doch weiches Licht, der Lage Newyorks auf dem Breitegrad von Neapel entsprechend, mehr an italienische als an mitteleuropäische Farbengebung erinnert.

Bei der Quarantänestation kamen die Sanitätsoffiziere, die Zollbeamten und zugleich auch — die Interviewer an Bord. Sie wollten von mir wissen, was ich von Amerika halte, noch bevor ich gelandet war.

Die Einfahrt in den Hafen vollzieht sich nach dem Gesetz der dramatischen Steigerung. Ein würdigeres und wirkungsvolleres Eingangstor für das Weltreich wäre nicht denkbar. Es zeigt in Raumverhältnissen und Verkehr bereits die vergrößerten Dimensionen, zu denen man dort alle Begriffe der Alten Welt multiplizieren muß. Die weite Bucht verengert sich allmählich zum majestätischen Strom; an den näherrückenden Ufern be= ginnen die Ortschaften meilenweit zu einer lückenlosen Häuserkette zusammenzuschmelzen; auf dem Lande fliegen elektrische Bahnen, auf dem Wasser Fahrzeuge aller Art, besonders die mehrstöckigen Ferryboote, in beängstigender Menge hin und her. Die hochaufragende Statue der Freiheit mit der gen Himmel gehobenen Fackel steigert abermals die Stimmung, um sie auf den nahenden

Höhepunkt vorzubereiten: die Insel Manhattan mit der sie bedeckenden Riesenstadt.

Die vorgeschobene Spitze dieser westlich vom Hudson, östlich vom East River umspülten Insel wird bekanntlich von dem Geschäftsviertel Newyorks eingenommen. Wäre bei ihrer Anlage die Absicht vorwaltend gewesen, dem europäischen Ankömmling in dem ersten neuweltlichen Städtebild, das er erblickt, ein Symbol der titanischen Kraft und alles bezwingenden Energie des Amerikanismus zu bieten, so hätte die planvolle Ausführung einer solchen Idee nichts Vollendeteres leisten können, als was hier vom praktischen Bedürfnis geleistet worden ist. Auf knappem Raum drängen sich die unheimlichen Kolosse, die der Yankee mit charakteristischer Mischung von Stolz und Humor „Himmelskratzer" getauft hat, einer noch immer dem andern neugierig über die Riesenschulter blickend. In dieser Anhäufung wirken die breiten Babeltürme mehr gewaltig als schön; ja, wenn man sie dann bei der Weiterfahrt seitlich in langer Reihe aufmarschiert sieht, erscheinen sie in der Silhouette wie stumpfe Backzähne am Unterkiefer eines Leviathans. Gerechtigkeit kann man ihnen erst widerfahren lassen, wenn man sie vom Lande aus betrachtet; dort, innerhalb der Straßenperspektive, für die sie gedacht sind, erweisen sich zwar nicht alle, aber einige von ihnen als architektonische Meisterwerke von einer ungewohnten und doch jeden traditionellen Widerstand besiegenden Schönheit.

Ist man in den eigentlichen Hafen eingebogen, so schaut man weit den Hudson hinauf bis zum Beginn der Palisaden, einer malerischen Hügelkette, die sein

Westufer umsäumt. Zur Rechten rollt sich das unüber-
sehbare Häusermeer der Hauptstadt immer mächtiger
auf; zur Linken liegen die Städte Jersey City und Hoboken. Der Strom selbst, der hier noch etwa anderthalb Kilometer breit ist, wird von schwimmenden Häusern
— wie man die nach allen Richtungen flink dahin-
schießenden Ferryboote bezeichnen kann — erfüllt.
Nirgends in der Welt hat dieser Wasserverkehr seinesgleichen.

Der Dampfer macht am Pier von Hoboken fest;
man betritt die weite Empfangshalle, wo die endgültige
Zollabfertigung stattfindet. Die Beamten machten es
gnädig mit mir; einer umso unerbittlicheren Visitation
unterzogen mich die hier gleichfalls auf Wache stehenden
Vertreter deutscher und englischer Blätter. Sie ver-
langten, daß ich vor ihnen die sämtlichen Koffer meines
Herzens öffne und alle dort etwa vorhandenen Wert-
gegenstände, als da sind Taten, Meinungen und Ziele,
in die Zollregister ihrer Notizbücher eintragen lasse.
Aber wer, der nach zehntägiger Meerfahrt zum erstenmal wieder festen Boden unter den Füßen spürt, wird
es nicht als raffinierte Grausamkeit empfinden, daß er
nun sofort wieder als Charakterbild in der Zeitgeschichte
schwanken soll?

Die Droschke, die mich zum Fährboot und auf diesem
über den Hudson zu meinem Hotel bringen sollte, fuhr
mich durch ein paar Straßen und dann in eine geräumige Halle, die gegen das Wasser hin durch eine Bar-
riere abgeschlossen war. Hier machten wir halt, nach
meiner Meinung, um auf das nächste Fährboot zu warten.
Wie groß war aber mein Erstaunen, als die Halle selbst

sich plötzlich in Bewegung setzte! Wir befanden uns bereits auf dem Fährboot, in dessen unteres Stockwerk der Wagen hineingefahren war, ohne daß ich es bemerkt hatte. Das obere Stockwerk ist für die Fußgänger bestimmt.

Meine Gastfreunde hatten mir im Hotel Astor, einem neunstöckigen Neubau in der achten Avenue, Wohnung reserviert. Man muß seine altweltlichen Vorstellungen abermals multiplizieren, um sie den Größenverhältnissen und dem Ausstattungsluxus dieser allermodernsten Karawanserei anzupassen. Der Hotelbeamte führte mich in ein im ersten Stock belegenes abgeschlossenes Appartement von fünf Räumen: zwei prächtige Salons, Schlafzimmer, Badezimmer und Vorzimmer. Obwohl er mir versicherte, daß diese Flucht von Gemächern für mich bestimmt sei, zweifelte ich keinen Augenblick, daß man mich mit einem Milliardär verwechselt habe, und bat ihn, den Irrtum sogleich im Hotelbureau aufzuklären. Aber kaum hatte er mich verlassen, da trat ein Herr ein, der sich mir als der deutsche Besitzer des Hotels, Herr Muschenheim, vorstellte, mich in seinem Hause willkommen hieß und fragte, wie ich mit der Wohnung zufrieden sei. Ich erwiderte ihm, meine Zufriedenheit sei allzu groß, und wenn er mir und meinem Geldbeutel einen Gefallen tun wolle, dann möge er mir ein bescheideneres Logis anweisen lassen. „Aber Sie sind ja hier der Gast der Germanistischen Gesellschaft," wandte er ein. „Dann erst recht," sagte ich, „denn ich will die Germanistische Gesellschaft noch weniger in so überflüssige Unkosten stürzen als mich selbst." — „Davon ist auch gar nicht die Rede," versicherte er mir; „ich bin es, der diese

Wohnung Ihnen anbietet; gewähren Sie mir das Vergnügen, Ihnen als einem von Amerika eingeladenen Deutschen die besten Räume meines Hauses zur Verfügung zu stellen." Und es gab, solange ich diese Räume bewohnte, keinen Tisch darin, auf dem nicht täglich frische Blumen prangten.

Ich erzähle das als ein typisches Beispiel für den großzügigen Stil amerikanischer Gastfreundschaft. Während meiner ganzen Reise wiederholte sich mir die gleiche Erfahrung in den verschiedensten Variationen: wer als Gast des Landes betrachtet wird, dem will auch der Unbeteiligte, ja sogar der Fernstehende durchaus ein Benefiz antun.

Da war ich nun also in der amerikanischen Metropole. Zuerst mußte ich es mir öfter vorsagen, damit ich es mir glaubte. Beim heutigen Reisen erleidet ja das bekannte Sprichwort eine Ausnahme; da ist Geschwindigkeit tatsächlich Hexerei.

Wahrlich, ein seltsamer Einfall, eine Weltstadt gerade auf einer schmalen Insel aufzubauen! Man hätte dicht dabei auf Long Island östlich oder auf dem Festlande westlich unbeschränkten Raum zur Verfügung gehabt; aber man kaprizierte sich auf diese zwischen zwei Wasserbecken von Norden nach Süden vorgestreckte Zunge. Den niederländischen Ansiedlern, die in der ersten Hälfte des siebzehnten Jahrhunderts auf der Südspitze der Insel Manhattan ihr Städtchen Neu-Amsterdam errichteten, mag wohl nichts ferner gelegen haben als der Gedanke, daß aus ihrer armen, kleinen Kolonie sich die zweitgrößte Stadt des Erdballs entwickeln werde. Vermutlich bestach sie dieser Punkt durch die Ähnlichkeit mit

ihrer wasserreichen Heimat, besonders mit der holländi-
schen Hauptstadt, nach der sie ihre Niederlassung be-
nannten. So aber kam es, daß das lawinenartig an-
schwellende Gemeinwesen sich nur in einer Dimension
ausdehnen konnte, bis es schließlich an den Nordrand
der Insel vorgerückt war. So kam es, daß in dem
heutigen Newyork der gesamte Verkehr sich nur in dieser
einen Dimension bewegt, da die Entfernungen der Breite
nach verhältnismäßig gering, der Länge nach dagegen
ungeheuerlich groß sind. Das gibt dem Verkehrsproblem
eine sonst nirgendwo auch nur annähernd empfundene
Schwierigkeit. Zwischen Down Town im Süden und
Up Town im Norden, der Geschäftsstadt und der Wohnstadt, wälzt sich der tägliche Menschenstrom auf einer
einzigen geraden Linie hin und her, und alle Verkehrs-
mittel auf, über und unter der Erde können ihn zu-
zeiten nicht bewältigen.

Für den Fremden allerdings hat dieser Zustand eine
sehr günstige Seite. Es wird ihm dadurch kinderleicht
gemacht, sich zu orientieren. Wenn er einmal die beiden
Richtungen kennt, die allein in Betracht kommen, dann
hat er ausgesorgt. Höchstens in dem winklig gebauten
ältesten Stadtteil, dem Geschäftsviertel an der Südspitze,
kann er sich etwa verlaufen; in der übrigen Stadt
würde dazu schon ein ausgesprochenes Talent gehören.
Denn dort hat man ihm nicht nur den Gefallen getan,
die Straßen mit schachbrettartiger Regelmäßigkeit anzu-
legen, sondern obendrein sie, statt mit Namen, mit
Nummern zu versehen. Er braucht nur zählen gelernt
zu haben, um an jeder Ecke feststellen zu können, wo
er sich befindet und wohin er sich zu begeben hat. Die

Einheimischen zählen übrigens nicht nach Straßen, son=
dern nach Häusergevierten. Der Block, das heißt das
von je zwei rechtwinklig aufeinander stoßenden Straßen
gebildete Quadrat, ist für den Amerikaner der Grund=
begriff der städtischen Topographie. Fragt man ihn
nach irgend einer Örtlichkeit, so wird er antworten: das
ist so und so viel Block weit von hier.

Aber auch für den Ansässigen entspringt aus der
kuriosen Form der Stadt eine Annehmlichkeit. Nur die
endlosen Längsstraßen, die den stolzeren Titel Avenuen
tragen, sind geräuschvoll; die kürzeren Querstraßen sind
still. Sie eignen sich daher vortrefflich zum Wohnen.
Welch ein Kontrast, wenn man aus den Avenuen oder
dem Broadway um die nächste Ecke biegt! Aus Lärm
und Gedränge gelangt man unmittelbar in idyllische
Ruhe und Menschenleere.

Der bedenklichste Mißstand, den andererseits die Insel=
lage und die dadurch bedingte Unmöglichkeit, die natür=
lichen Grenzen zu erweitern, mit sich bringt, ist der
Raummangel. Durch ihn wird der Preis des Grund
und Bodens zu unerhörter Höhe emporgetrieben und
die Armut noch enger als in den europäischen Groß=
städten zusammengepfercht. Eine nach unseren Maßstäben
geräumige Wohnung können nur die Reichsten sich
gönnen; die Einfamilienhäuser des wohlhabenden Mittel=
standes sind meistens wie Puppenschachteln.

Nun ist ja das heutige Newyork keineswegs allein
auf die Insel Manhattan angewiesen. Rings um sie
herum, nur durch den Hudson oder den East River von
ihr getrennt, legt sich ein Kranz von volkreichen Städten,
die sämtlich keine selbständige Bedeutung, sondern nur

den Charakter von Vororten beanspruchen können. Die
größte unter ihnen, Brooklyn, wurde sogar schon vor
Jahren eingemeindet und hält mit ihren einundzwei-
drittel Millionen Einwohnern der Bevölkerungszahl von
Manhattan nahezu die Wage. Bedenkt man, daß die
alte Brooklynbrücke noch immer den ganzen Austausch
zwischen beiden Millionenstädten fast allein zu tragen
hat, so kann man sich einen ungefähren Begriff machen
von dem neuweltlichen Verkehrsschauspiel, das auf diesem
berühmten, vorbildlich gewordenen Wunderwerk eines
deutschen Ingenieurs sich abrollt. Aber der Verkehr ist
einseitig. Die Brooklyner strömen in gewaltigen Massen
nach Newyork und von dort zurück; von den Newyorkern
aber verlieren sich nicht viele nach Brooklyn, jedenfalls
keiner, der dort nichts zu tun hat. Sie betrachten sich
als die bessere Hälfte und hüten eifersüchtig ihren Vorrang, so daß sie es weder begreifen noch verzeihen würden, wenn man die Schwesterstädte schlechtweg miteinander identifizieren wollte. Ich glaube beinahe, man
wird leichter einen Newyorker finden, der in Berlin oder
London, in Paris oder Rom, als einen, der in Brooklyn sich auskennt. Erkundigt man sich bei ihnen nach
irgend einer dort belegenen Lokalität, so sehen sie einen
an, als hätte man sie gefragt: „Wo geht der nächste
Weg nach dem Nordpol?"

Ob Newyork den Namen einer schönen Stadt verdient? Meines Erachtens ja. Selbstverständlich fehlt
ihm die einheitliche Schönheit jener Kulturzentren der
Alten Welt, an deren Wiege schon das Kunstgewissen
eines ästhetisch gestimmten Volkes Gevatter stand, fehlt
ihm der historische Reiz einer tausendjährigen Vergangen-

heit, die in dauernden Schöpfungen fortlebt und vor dem
Straßenwanderer einen Bilderatlas verschiedenster Epochen
ausbreitet. Selbstverständlich fehlt ihm nicht die düstere
Schattenseite aller modernen Großstädte: Gegenden, wo
das Auge die Häßlichkeit des Anblicks leichter ertragen
kann, als das Herz den Schauder über die Lebens=
bedingungen der dort hausenden Menschen. Aber selbst
dem Bewohner der schmutzigsten und armseligsten Viertel
schenkt die weite Wasserfläche, deren Rand er in we=
nigen Minuten erreichen kann, zum mindesten ein freies
Stück Natur und einen frischen Lufthauch. Zahlreiche
ausgedehnte Plätze, freundlich bepflanzt und überall mit
bequemen Ruhebänken versehen, unterbrechen die Starr=
heit der endlosen Straßenzüge. Sogar die dicht zu=
sammengedrängte Geschäftsstadt gönnt an der Südspitze
der Insel einer allerliebsten kleinen Parkanlage Raum,
wo man wandelnd oder sitzend den Blick über den ganzen
Hafen mit seinem immer regen Leben, mit den ein= und
ausfahrenden Ozeandampfern hinschweifen lassen kann.

Die Krone gebührt jedoch dem Zentralpark. Er
macht seinem Namen Ehre. Diese großherzige Raum=
verschwendung hat der Raummangel nicht verhindert.
Fast inmitten des Weichbildes plötzlich keine Häuser=
quadrate mehr, sondern, von ihnen nur in ehrerbietiger
Entfernung umstellt, ein ausgebreiteter grüner Bezirk,
der den Vergleich mit keinem der großen öffentlichen
Gärten Europas zu scheuen braucht. Von der Stadt
so völlig ringsum eingeschlossen und ihr so nahe zur
Hand wie der Berliner Tiergarten, übertrifft er diesen
durch die natürlichen landschaftlichen Vorzüge seines un=
ebenen Terrains, vor allem die prächtigen Felsgruppen,

und durch die unkorrigierte Urwüchsigkeit einzelner seiner
Partien. Besucht man ihn an einem schönen Frühlingstag,
so mahnt die Heiterkeit des Lichts, das freie muntere Volks=
leben, das in allen seinen Teilen pulsiert, die Menge
der Reiter und Reiterinnen, die Fülle der schmucken
Equipagen und Automobile und die Eleganz und Schön=
heit ihrer Insassinnen, das dichte Spalier sitzender Zu=
schauer und das ungehemmte Treiben spielender Kinder
an das Bois de Boulogne.

Und dazu kommt nun noch der neu angelegte River=
side Park, die wundervolle, weit sich hinstreckende Prome=
nade am Ufer des Hudson, zu der das innere Auge
schon den Kai von Neapel herbeibeschwören muß, um ihr
einen europäischen Stadtspaziergang mit ebenbürtigen
Ausblicken an die Seite zu stellen. Hier ahnt der mäch=
tige Strom noch nichts von dem drangvollen Hafen=
getriebe, das ihn weiter unterhalb erwartet; hier bietet
er mit den jenseitigen, villengezierten Hügeln ein Bild
des Friedens. Man muß sich vergegenwärtigen, wie
dicht bei dem Mittelpunkt der lärmenden, schwirrenden
Metropole man sich befindet, um den ganzen Zauber
dieser großen und stillen Landschaft auszuschöpfen.

Und dann die unvergleichliche Umgebung! In einem
nahen Kreis hat die Natur hier freigebig ihre besten
Erfindungen zusammengerückt: Wald und Strom, Ge=
birg und Meer. Eine kurze Fahrt ermöglicht es dem
überbürdeten Großstädter, auch wenn er nur über we=
nige Mußestunden verfügt, je nach Neigung und Be=
lieben am Strande der See oder in anmutiger Hügel=
landschaft oder am bergüberragten Gestade des Hudson
tiefen Atem zu holen. Das Steinlabyrinth liegt kaum

hinter ihm, und schon umspinnt ihn die Poesie abge=
schiedener Ländlichkeit oder gar die Märchenstimmung
unberührter Wildnis.

Die architektonischen Schönheiten Newyorks können
sich zwar mit den natürlichen nicht messen, zumal eine
von Europa unabhängige Kunst hier, wie überall in
Amerika, erst im Werden begriffen ist. Dennoch fallen
sie ins Gewicht. Den Querstraßen freilich verleiht die
Vorherrschaft der gänzlich schmucklosen, schmalschulterig
aneinander gepreßten Wohnhäuser ein recht einförmiges
Gepräge. Fast scheint es, als wären sie alle nach ein
und demselben Modell erbaut und suchten, wenigstens
nach außen hin, jede kleinste Abweichung von der ein=
mal feststehenden Schablone zu vermeiden. Eine von
diesen Straßen sieht genau wie die andere aus; man
kann sie nur nach ihrer Nummer, nicht nach ihrer In=
dividualität unterscheiden. Charakteristisch sind nur die
durchgängig vom Bürgersteig bis zum Hochparterre
hinanführenden, mit Geländern versehenen Freitreppen,
die in der Perspektive rechts und links vom Fahrdamm
die ganze Straßenflucht entlang zwei schiefe Ebenen er=
zeugen. In den Längsstraßen, den Avenuen, dagegen
hält sich der Individualismus schadlos. Da wird schon
durch die bizarren Höhenunterschiede der Häuser von
einem bis zu fünfundzwanzig Stockwerken und nicht
minder durch die vollkommene Willkür der Bauart eine
Buntscheckigkeit hervorgebracht, der oft nur unruhige
und zappelige, oft aber auch malerische Beduten ent=
springen. Wird hier die ästhetische Wirkung mehr dem
Zufall verdankt, so hat bei der Anlage der berühmten
fünften Avenue sichtlich von vornherein die Absicht ge=

waltet, eine repräsentative Prachtstraße zu schaffen. Ihr vornehmster Teil vereinigt eine Anzahl von öffentlichen und privaten Bauwerken, die jeder Weltstadt zur Zierde gereichen müßten. Vor allem die noch unvollendete Bibliothek in antikem und die Kathedrale in gotischem Stil, die monumentalen Klubgebäude und die Paläste der oberen Vierhundert. Kurz bevor sie den Zentral= park erreicht, wird — scheinbar — durch zwei einander gegenüberliegende, himmelanragende Hotelbauten ein fast romantisch wirkender Engpaß gebildet: die breite Straße verschmälert sich nicht; aber die Turmhöhe der Gebäude bringt die optische Täuschung der plötzlichen Einschnürung hervor.

Das traditionelle Entsetzen, mit dem der Europäer von diesen „Wolkenkratzern" spricht, kann ich, wie schon bemerkt, nicht teilen. Weder im allgemeinen, noch im besonderen. Zunächst im allgemeinen gesprochen — hier ist auf amerikanischem Boden eine neue Form entstanden, die das Prinzip des Hauses und des Turmes kombiniert. Was läßt sich dagegen einwenden, als daß jede neue Form auch ein neues Auge verlangt? Zeigt uns die Kunstgeschichte nicht an hundert Beispielen, daß die Schönheit von morgen immer zuerst als Sakrilegium empfunden wird, bevor sie gegen die Schönheit von gestern sich durchgesetzt hat? Und welche Form verbürgt an sich Schönheit? Kommt es nicht in jedem einzelnen Fall auf ihre Behandlung an, auf den Geist, der sie durchdringt? Sind alle unsere Häuser, sind alle unsere Türme schön?

Und nun im besonderen gesprochen — die Form des „Wolkenkratzers" entsprang, wie so manche andere, dem

Bedürfnis, und wo dieses noch in seiner Nacktheit und Roheit vorgewaltet hat, wie in den ältesten dieser Bauten, da entstanden Abscheulichkeiten. Immer mehr aber hat man diese Form künstlerisch meistern gelernt, immer mehr die ihr innewohnenden Gesetze erkannt und mit den ewigen Regeln der Proportion in Einklang gebracht. Noch wird der neue Stil, der sich daraus ergeben muß, mehr gesucht, als beherrscht; daß aber in einzelnen Werken bereits Leistungen vorliegen, die seiner Vollendung sehr nahe kommen, wie will man das verkennen? Den ersten Schönheitspreis verdient nach meiner Meinung das kühnste und groteskeste von allen. „Bügeleisen" (Flat-iron) hat der Volksmund es getauft, weil es den beängstigend spitzen Winkel am Schneidepunkt des Broadway und der fünften Avenue ausfüllt; aber es gleicht eher einem aufgerichteten Rasiermesser. Denn von der vorderen Schmalseite gesehen, schärft sich das fast hundert Meter hohe Gebäude zu einer einfenstrigen Front, von der man nicht begreift, wie sie dem Wind gegenüber ihre Balance aufrechterhält. Und doch, je öfter man sich diesem Virtuosenstück von verschiedenen Seiten nähert, desto mehr wird das Auge befriedigt, ja gelabt durch das vollkommene Ebenmaß, zu dem sich die Gedrungenheit und die Leichtigkeit des Aufbaues vereinen.

In der Oberstadt treten die Wolkenkratzer bis jetzt nur vereinzelt auf; in Down Town, massenweise zusammengedrängt, bestimmen sie den Eindruck ganz und gar. Sie machen das Geschäftsviertel von Newyork, den ausschließlichen Sitz des Handels, zu einer Welt für sich; auch in den Vereinigten Staaten ist es einzig

in seiner Art. Man könnte glauben, Riesen hätten hier
eine Stadt für Riesen erbaut, und wenn man auf dem
unteren Broadway zwischen diesen Ungetümen hinwandelt,
so vermag man sich unschwer in die Illusion zu ver-
setzen, als befände man sich in einer tiefen Gebirgs-
schlucht, nur daß die senkrecht zu schwindelerregender
Höhe ansteigenden Felswände Fenster haben und Türen
und in ihrem hohlen Innern elektrische Aufzüge, die
blitzschnell zu ihrem Gipfel führen. Von letzteren sind
oft mehr als ein Dutzend nebeneinander in ununter-
brochener Tätigkeit, so daß man sie ohne Übertreibung
einem vertikalen Eisenbahnsystem vergleichen kann. Da
gibt es Bummelzüge, die in jedem Stockwerk halten,
beschleunigte Züge, die jedesmal mehrere Stationen
überschlagen, und Expreßzüge, die in einer Viertelminute
vom Parterre bis zum Dach hinauffliegen. Als ich
gleich am Tage nach meiner Ankunft einen solchen Höhen-
flug unternahm, um in einem den dreiundzwanzigsten
Stock einnehmenden Restaurant zu frühstücken, während
durchs Fenster die Stadt und ihre Umgebung wie auf
einer Landkarte zu überblicken war, da glich mein Gefühl der angenehmen Schwindligkeit eines Emporkömm-
lings.

Darf auch vollendete Zweckmäßigkeit schön genannt
werden, dann muß ich unter den Schönheiten Newyorks
noch den „Subway", die erst vor Jahresfrist eröffnete
elektrische Untergrundbahn rühmen. In den festen Fels-
boden gehauen, auf dem die Stadt fußt, führt sie vier-
geleisig von der Südspitze bis zum Nordende. Zwei
Geleise dienen dem gewöhnlichen und zwei dem Schnell-
verkehr. Die Raschheit und Geräuschlosigkeit des Be-

triebes, die hübsche Ausstattung der Wagen mit ihren reinlichen Rohrsitzen, die blitzsauberen, geräumigen und praktisch angelegten Stationen — das alles ist uneingeschränkten Lobes wert. Dem daheim überall so scharf kontrollierten Europäer fällt es überdies noch wohltuend auf, daß man ihm hier (ebenso wie auf der Hochbahn) den größten Teil der gewohnten Formalitäten erspart. Er hat nichts weiter zu tun, als am Schalter seinen Obolus zu entrichten (Einheitspreis fünf Cents) und das Billett am Eingang zum Bahnsteig vor den Augen des Beamten in einen Glaskasten zu werfen. Dann darf er fahren, wohin und soweit er will; er darf umsteigen, so oft er Lust hat, aus einem gewöhnlichen Zug in einen Expreßzug und umgekehrt; er wird von niemand mehr, weder im Lauf der Fahrt, noch am Ausgang, behelligt.

Selbst dieses Gigantenwerk wird bald von einem neuen in den Schatten gestellt sein: von der Untertunnelung des Hudson, die bereits ihrer Fertigstellung entgegengeht. Binnen kurzem wird der Reisende, der die wichtigsten nach dem Westen und Süden führenden Linien benützen will, nicht mehr wie bisher im Fährboot schräg über den Hafen nach Jersey City übergesetzt werden müssen, sondern von dem künftigen, mitten in der Stadt gelegenen Empfangsgebäude der Pennsylvaniabahn aus unter dem Strom hindurchfahren.

Newyork ist aber auch eine Abendschönheit. Wie eine Frau im Schmuck ihres funkelnden Geschmeides, so erstrahlt die Stadt, sobald es dunkelt, im Glanz einer Lichtflut, wie sie in unseren Großstädten nicht einmal bei festlichen Illuminationen aufgeboten wird. Das Schauspiel, das der Berliner an Kaisers Geburtstag bestaunt,

genießt der Newyorker Abend für Abend. Alle Häuser=
fassaden der Hauptstraßen sind völlig übersät mit leuch=
tenden Reklamen; tausende und aber tausende von Glüh=
lampen wandeln die Nacht zum blendenden Tag.

Daß in Newyork fieberhaft gearbeitet wird, weiß
jedermann; aber nicht jedermann weiß, daß diese Stadt
der Arbeit auch eine Stadt der Bildung ist. Ihre Kunst=
sammlungen und Museen, ihre Bibliotheken und Unter=
richtsanstalten sind mustergültig; in der Columbia=Uni=
versität besitzt sie eine der bedeutendsten Hochschulen des
Landes, die einzige, die neuerdings dem berühmten
Harvard den althergebrachten Vorrang streitig macht.
Sie ist, wie jede Weltstadt, ein Sammelpunkt geistig hoch=
strebender Menschen, und das überwältigende Phänomen
ihrer Lebensfülle reizt ebenso zu nimmermüder Tatkraft
wie zu stillem Nachdenken. Sie hat Platz für jede Art
und Richtung der Persönlichkeit, und nur zwei Menschen=
sorten kommen hier weniger auf ihre Rechnung als in
den Hauptstädten Europas: die Müßiggänger und die
Schlafmützen.

Wer viel herumkommt, der wird von manchen Städten
trotz allen Anregungen, die sie ihm gewähren, und trotz
aller Bewunderung, die sie ihm abnötigen, das Gefühl
mitnehmen, daß er es nicht lang dort aushalten könne;
bei anderen, weniger zahlreichen, wird es ihm leicht
scheinen, sich darin zum Dauernden zu gewöhnen. Das
heutige Newyork gehört zu den letzteren; nicht gleich am
Tage der Ankunft, aber sicher am Tage der Abreise sagt
man sich: Hier könntest du leben.

Die Städte

Wer nur Newyork gesehen hat, der kennt zwar die größte Stadt Amerikas, aber keineswegs die amerikanischste. Wollte er die dort gesammelten Eindrücke als typische betrachten, so würde er zu ganz irrigen Folgerungen gelangen. Als Emporium des Verkehrs mit Europa und als fast ausschließliches Ziel der Einwanderung, von der ein ansehnlicher Prozentsatz dort haften bleibt, war Newyork natürlich von jeher internationalen Einflüssen am stärksten ausgesetzt und trägt deshalb ein Doppelantlitz, dessen eine Seite landeinwärts, die andere dagegen über den Ozean blickt. Man kann sogar Amerikaner sagen hören, es sei im Grunde genommen eine europäische Stadt; jedenfalls sind die Städte des Binnenlandes kaum weniger von ihm verschieden als die Städte unseres alten Kontinents.

Von den nach Newyork größten zwanzig Städten der Union habe ich dreizehn besucht; das heißt so gut wie alle bedeutenderen Zentren des Ostens und des mittleren Westens. Der Süden stand von vornherein nicht auf meinem Programm, und eine nachträgliche Einladung nach Kalifornien mußte ich wegen Zeitmangels ablehnen. Wäre ich ihr gefolgt, so hätte ich voraussichtlich in San Francisco gerade am Tage der großen

Erdbebenkatastrophe geweilt, der ich somit unbewußt entging.

Trotz dieser Beschränkung hatte meine Rundreise immerhin einen recht stattlichen Umfang. Denn die von mir zurückgelegten Eisenbahnstrecken ergaben die hübsche Gesamtlänge von mehr als 10 000 Kilometern, also von mehr als einem Viertel der Erdperipherie.

Öfters habe ich von Einheimischen die selbstironische Äußerung gehört, wer eine der amerikanischen Groß= städte kenne, der kenne sie alle. Das scheint mir über= trieben; die Wesenszüge aber, die ihnen im Vergleich zu Europa eigentümlich sind, sind ihnen jedenfalls gemein= sam. Sie lassen sich voneinander leichter durch ihre Lage, als durch ihre Anlage unterscheiden, und nimmt man noch Washington und Boston aus, die beide eine scharfgeprägte individuelle Physiognomie tragen, so wird man einen durchgängigen Typus feststellen dürfen.

Was zunächst auffallen muß, das ist ihre ungeheuer= liche Ausdehnung. Die amerikanische Stadt bedeckt aus= nahmslos den fünf= bis achtfachen Flächenraum der europäischen von entsprechender Einwohnerzahl. Nicht ohne Gruseln überzeugt man sich, daß Berlin ein Areal von 63 Quadratkilometern, Philadelphia mit seiner um zwei drittel Millionen geringeren Bevölkerungsziffer ein solches von 335, Chicago mit seiner nur annähernd der Berliner gleichkommenden eines von 495 Quadratkilo= metern einnimmt; daß die Front Chicagos am Michigan= see 35 Kilometer lang ist, während die Entfernung von Berlin bis Potsdam nur deren 26 beträgt, und daß dieser Front kerzengerade Straßenfluchten entsprechen, zu deren Durchschreitung also ein rüstiger Fußgänger reichlich sieben Stunden brauchen würde. Und wenn das nämliche Verhältnis überall wiederkehrt; wenn beispielsweise St. Louis mit seinen 600000 Einwohnern sich am Mississippi 32 Kilometer, oder Cincinnati mit seinen nur 350000 sich am Ohio 22 Kilometer weit hinstreckt, so steht man zweifellos vor einer höchst verblüffenden Erscheinung.

Fragt man die Amerikaner nach deren Ursache, so antworten sie stolz: „Wir haben Platz." Aber der allgemeine Raumüberfluß, der schon an und für sich zur speziellen Raumnot Newyorks in Gegensatz tritt, kann doch nicht die einzige Erklärung für den Ursprung einer Weitläufigkeit sein, die so unbequeme Folgen mit sich bringt. Denn Geschäftsstadt und Wohnstadt sind überall völlig gesondert; jedermann kommt seiner Berufstätigkeit weitab von seiner Behausung nach; sogar der Arzt hat für die Sprechstunde sein Bureau im Geschäftsviertel. Ohne eine tägliche Hin= und Rückreise von je einer Stunde geht es demnach bei Benützung der raschesten Beförderungsart selbst in den Mittelstädten selten ab. Die Sache wird noch wunderlicher, wenn man bemerkt, daß in den zentralen Teilen nirgends die raumsparenden Wolkenkratzer fehlen, daß die Geschäftsstadt überall sich eng zusammenschiebt. Es sind die pekuniären Rücksichten, die hier dieselbe Wirkung gezeitigt haben, wie bei unseren mittelalterlichen Stadtkernen die strategischen. Hält die Spekulation auch gern Bauplätze in bester Lage zurück, und werden infolgedessen die dichten Häuserreihen der bevorzugtesten Straßen mitunter durch ein wüstes Stück Feld unterbrochen, so wird dadurch allein das Rätsel noch nicht gelöst.

Die Lösung liegt in dem besonderen Charakter der Wohnstadt. Jedermann, vom Millionär bis zum Arbeiter, hat sein Haus für sich; denn Kaufpreis oder Miete sind außerordentlich viel billiger als bei uns. Natürlich variieren sie beträchtlich, je nach der Lage. Aber für eine Summe, für die man bei uns kaum eine bescheidene Mietwohnung im dritten Stock bekommt, kann man dort bereits unter seinem eigenen Dache leben. Diese zahllosen Einzelhäuser sind überdies nicht, wie in Newyork, aneinandergeklebt, sondern sie stehen nach allen Seiten frei und werden in der Regel noch durch einen geräumigen Rasenplatz, seltener durch einen eingezäunten Garten, von der Straße getrennt. So wohnt hier durchschnittlich eine einzige Familie auf einem Raume, auf dem in unseren Mietskasernenstraßen mindestens zehn Familien wohnen.

Ganz neuerdings freilich kommt das Miethaus, das noch vor kurzer Zeit eine kaum gekannte Einrichtung war, mehr und mehr in Aufnahme. Dazu treibt aber nicht etwa, wie bei uns, die Teuerung des Grund und Bodens, sondern — die Dienstbotennot. Nicht den Raum, sondern die für den Mittelstand immer unerschwinglicher werdenden Hausgeister will man ersparen. Darum erfreut sich eine merkwürdige Übergangsform von Miethaus und Hotel steigender Beliebtheit. In diesen oft recht vielstöckigen Gebäuden hat zwar jede Familie ihre halbe oder ganze Etage für sich; aber der Haushalt wird gemeinsam geführt. Im Erdgeschoß befinden sich, eigens zur Benützung der Parteien, Gesellschaftsräume und namentlich ein Restaurant, das die Verköstigung sämtlicher Mieter übernimmt. So können

sie nach Belieben entweder unten speisen oder sich die
Mahlzeiten in ihrer Wohnung servieren lassen. Das
Familienleben wird dadurch allerdings um die Poesie
des eigenen Herdes beraubt, aber auch um den offenen
oder versteckten Krieg zwischen der Hausfrau und der
Köchin, der in der deutschen Häuslichkeit eine so bedeut=
same Rolle spielt.

Die Wohnstadt hat beinahe überall einen schmucken
und freundlichen Charakter. Endlose Straßenzüge, in
denen es an schattigen Bäumen oder gut gepflegten
Rasenplätzen nirgends fehlt; unter den von Grün um=
gebenen Häusern in den vornehmeren Gegenden viele
prächtige Villen; fast durchweg eine geräumige Veranda,
die von der Straße aus zugänglich ist. Vielfach be=
gegnet man Holzbauten; in den bescheideneren Vierteln
und besonders in den Kleinstädten überwiegen sie noch
immer und verschulden es, daß die Feuersbrünste leicht
eine so verheerende Ausbreitung gewinnen.

Wird das Auge in der Wohnstadt meistens erfreut,
so wird es in der Geschäftsstadt umso öfter beleidigt.
In den breiten, stattlichen, schnurgeraden Hauptadern
des Verkehrs erreicht die vollkommene Willkür der Bau=
art, die schon in Newyork nicht immer anmutet, einen
störenden Grad. Hübsche oder monumentale Gebäude,
an denen es nicht mangelt, können häufig gar nicht zur
Geltung kommen, weil die Umgebung sie erdrückt oder
in schreiendem Mißverhältnis zu ihnen steht; so zum
Beispiel, wenn, wie in Pittsburg, die zierlichen Spitz=
türme einer gotischen Kirche von einem unmittelbar da=
hinter sich erhebenden massigen Wolkenkratzer weit über=
ragt werden. Auch die rohen, hölzernen Telephonstangen

verunzieren in vielen Städten das Straßenbild. Am
schlimmsten aber wird es beeinträchtigt durch den un=
glaublichen Ruß, den die im Westen beinahe allerorten
gebrannte Weichkohle erzeugt. Wer Leipzig und Dresden
kennt, wo die sächsische Braunkohle ähnlichen Unfug
stiftet, der kann sich doch erst einen schwachen Begriff
machen, wie dieser Ruß hier die Häuserfronten mit einer
dicken Kruste überzieht, alles schwärzend, alles verdüsternd.
Schade um das edle Material, das bei öffentlichen
Bauten mit Vorliebe verwendet wird! Der weiße Marmor
nimmt in kurzer Zeit dieselbe Trauerfarbe an wie der
Verputz. In den Industriestädten, wo dieser schwarze
Puder gleichzeitig von zahllosen Schloten in die Luft
gepafft wird, macht er sogar die Atmosphäre undurch=
sichtig. Über Pittsburg lagert an Wochentagen eine stetige
Halbnacht. Will man dort eine Ahnung bekommen,
wie die Stadt liegt — und sie liegt sehr malerisch an
zwei, zum Ohio sich vereinigenden Flüssen, in einem
weiten, von ansehnlichen Höhenzügen umrahmten Tal=
kessel —, dann muß man auf den Sonntag warten.

An nichts gewahrt man deutlicher, daß bei der Ent=
stehung aller dieser Städte ästhetische Gesichtspunkte noch
nicht einmal geahnt wurden, als daran, daß man die
natürlichen Vorzüge ihrer Lage ausschließlich der Nütz=
lichkeit, nicht aber der Schönheit dienstbar gemacht hat.
Wenn die Straßenanlage der Innenstadt fast nirgends
einen leitenden Gedanken, einen zielbewußten Plan ver=
rät, so läßt sich das noch am ehesten begreifen. Denn
diesen Städten wuchs ihre eigene Entwicklung über den
Kopf; sie wurden groß, ohne es zu merken; von allen
Seiten schossen ihnen wie bei einer Kristallisation die

Straßenzüge an, bevor ein systematisch ordnender Geist diesen die Richtung weisen konnte. Schwerer verständ= lich ist es jedoch, daß man selbst da, wo man lediglich der Natur ihr Recht zu lassen brauchte, um reizvolle Bilder zu schaffen, statt dessen dieses Recht schonungslos verkümmerte. Ich meine damit hauptsächlich den ab= stoßenden Zustand, in dem zumeist die Wasserseite sich präsentiert. Die Städte liegen beinahe sämtlich an einem breiten Strom oder an einem der großen Seen. Aber wer nun erwartet, eine stolze, mit Prachtbauten gezierte Uferstraße in den Fluten sich spiegeln zu sehen oder den Blick über das feuchte Element von einer hübschen Pro= menade aus genießen zu können, der wird in der Mehr= zahl der Fälle gründlich enttäuscht. Gerade vom Fluß oder See aus betrachtet erscheinen die Städte am häß= lichsten; gerade dort sind ihre dürftigsten Quartiere den besseren Stadtteilen vorgelagert. Manchmal fehlt ein Kai überhaupt; altes Häusergerümpel, Fabriken, Speicher treten dicht an das Wasser heran und versperren jede Aussicht. Es gehört schon zu den Ausnahmen, wenn, wie in Chicago oder in Milwaukee oder in Buffalo, an einzelnen Stellen der Seekante öffentlichen Gärten Raum gegönnt ist, die einen Uferspaziergang gestatten. Die schönste Straße Chicagos, die Michigan=Avenue, eine Art von vergrößerter Ausgabe des Hamburger Jungfernstiegs, ist zwar gegen den See hin offen, wird aber von ihm durch einen breiten, häßlichen Bahnkörper, auf dessen unzähligen Geleisen fortwährend qualmende Züge hin und her rollen, getrennt.

So liegen die Dinge gegenwärtig; aber so wird es nicht bleiben. Wie man bei der Michigan=Avenue be=

reits Hand anlegt, um dem See durch Eindämmung
und Aufschüttung einen neuen Uferpark abzuringen und
die entstellende Bahnlinie zu beseitigen, so regt sich auch
in den anderen Städten das Bestreben nach künstlerischer
Verschönerung. Die Utilität hat nicht mehr das erste
und letzte Wort zu sprechen; die ästhetischen Rücksichten
beginnen ihr die Herrschaft streitig zu machen. Diese
Bewegung steht allerdings erst in den Anfängen; aber
da sie durch den allgemeinen Aufschwung des Geschmacks
hervorgerufen und begünstigt wird, so darf man ihr
einen raschen Sieg verheißen. Während man in unseren
alten Städten dem Nützlichkeitsprinzip neuerdings mit
zunehmender Skrupellosigkeit die Augenweide vieler Geschlechter zum Opfer bringt und den Stil historischer
Straßen und Plätze durch marktschreierische Geschäfts-
häuser verschandelt, scheinen die amerikanischen Städte
den umgekehrten Weg einschlagen zu wollen.

In einer Hinsicht freilich haben sie schon von vornherein das Schönheitsbedürfnis befriedigt. Sie alle besitzen innerhalb ihres Weichbildes oder dicht an dessen
Grenzen weit ausgedehnte, herrlich gepflegte Parks. Die
amerikanische Landschaftsgärtnerei, wohl aus dem englischen Mutterland überliefert, stand bereits auf hoher
Stufe, als die Architektur noch in den Windeln lag.
Im erfreulichsten Gegensatz zu dieser hat sie jeden von
der Natur gebotenen Vorteil zu nützen und hervorzu-
heben verstanden. Mit besonderem und berechtigtem
Stolze zeigt man daher dem Fremden diese großartigen
Anlagen, in denen man einzelne Teile absichtlich im Ur-
waldzustand gelassen, andere zu freien Tummelplätzen
der sportfrohen Jugend umgeschaffen, andere wieder

durch Teiche belebt, durch anmutig gewundene Hügel=
wege und kunstgärtnerischen Schmuck zivilisiert hat. Meist
gibt es da auch einen kleinen, jedermann zugänglichen
zoologischen Garten oder ein ebenfalls offenstehendes
Warmhaus voll exotischer Pflanzen. Und dicht an dem
Wanderer vorbei huschen und hüpfen fast ohne Scheu
die jeden grünen Fleck der Vereinigten Staaten bevöl=
kernden grauen Eichhörnchen, die ein ähnliches Privi=
legium der Unantastbarkeit zu genießen scheinen, wie die
Tauben von San Marco. Die Schwesterstädte Davenport
und Rock Island haben ihren Park auf einer lieblichen
Insel mitten im Mississippi, und der wundervolle Park
von Detroit bedeckt ebenso die ganze reizende Belle Isle
in dem breiten Strom, der den Staat Michigan von
Kanada scheidet. Hinwieder der Eden=Park in Cincinnati
zeichnet sich durch seine freie Hügellage aus, die nicht
nur innerhalb seines Bezirkes Bilder von überraschender
Abwechslung erschließt, sondern auch prächtige Ausblicke
auf die tiefer liegende Stadt und das Ohiotal ermög=
licht. Den landschaftlichen Reizen des großen Forest=
Parks in St. Louis dankte bekanntlich die dortige Welt=
ausstellung einen nicht unwesentlichen Anziehungspunkt.

Nur eines läßt in den Parks hie und da zu wünschen:
die Wege, namentlich die Fahrstraßen befinden sich oft
in recht fragwürdiger Verfassung. Nach Regen oder
Tauwetter fällt es einem dann bedeutend leichter, in
ihrem Morast stecken zu bleiben, als ihn zu durchwaten.
Aber sie dürfen es als mildernden Umstand für sich
geltend machen, daß sie damit nur einer allgemeinen
Kalamität sich anschließen. Wo in den westlichen Städten
die Straßenpflasterung aufhört, da beginnt zumeist das

Reich unergründlichen Schlammes. Und nun gar die
kleineren Orte! Und nun gar die Landstraßen! Auch
wer unerschrocken durch dick und dünn zu gehen liebt,
kommt da nicht mehr durch. Die Fuhrwerke versinken
weich und geräuschlos in dem trügerischen Grunde, und
es bleibt das ewige Geheimnis der armen Pferde, wie
sie es fertig bringen, sie wieder herauszuziehen.

Wenn man den Amerikanern das vorhält, so sagen
sie: Ihr habt leicht reden! Euer Straßenbau ist auch
nicht von heut auf morgen entstanden. In euren kleinen
Ländern herrscht die Kultur seit Jahrtausenden; wie
hätten wir auf unserem ungeheuren Terrain euren Vorsprung in den wenigen Jahrzehnten einholen sollen, die
seit der ersten Ansiedlung verflossen sind? Schon recht!
Aber da sie diese Entschuldigung auf anderen Gebieten
nicht anwenden und nicht anzuwenden nötig haben, so
kommt sie einem nicht ganz schlagend vor.

Städtische Straßenpflasterung und Straßenreinigung
beanspruchen jedenfalls nicht die Arbeit so langer Zeit-
räume, um auf eine gleichmäßige Höhe gebracht zu
werden. Dennoch haben amerikanische Stadtverwaltungen
auch hierin von den unsrigen noch einiges zu lernen.
Das Asphaltpflaster leidet selbst in den großstädtischen
Hauptstraßen manchmal an bedenklicher Verwahrlosung;
den tiefen Löchern, die seine Einförmigkeit mit allzu
reicher Abwechslung unterbrechen, müssen die Wagen-
lenker mit unheimlicher Geschicklichkeit ausweichen, wenn
nicht die Eingeweide ihrer Fahrgäste in Unordnung geraten sollen. Zu den Eigentümlichkeiten Chicagos gehören Bürgersteige, die etwa einen halben Meter hoch
über dem Niveau des Fahrdamms liegen, so daß, wer

die Straße kreuzen will, nur durch einen kühnen Sprung
von ihnen herab= und auf der anderen Seite nur durch
eine nicht minder kühne Kraxelei zu ihnen hinaufge=
langen kann.   Die Ansässigen behaupten, man habe
eine solche Kreuzung nur an den Straßenecken nötig,
und scheuen einen Umweg nicht, um dieses Prinzip durch=
zuführen.   Wenn jemand schräg über den Fahrdamm
geht, so nennen sie das ein Dutch crossing (Dutch in
gutmütig spöttischem Sinn für Deutsch). Sie, die prak=
tischen Amerikaner, halten es für lächerlich unpraktisch,
wenn jemand nach der unanfechtbaren mathematischen
Einsicht verfährt, daß die Hypotenuse kürzer ist als die
beiden Katheten.   Eine noch viel peinlichere Eigentüm=
lichkeit von Chicago ist die Abwesenheit von Straßen=
schildern in dem weitaus größten Teil der Stadt. Nur
in den Wohnvierteln sind die Namen der Straßen an
den haushohen Laternen angebracht, aber so weit oben
und in so winziger Schrift, daß man sie nicht entziffern
kann. Man stelle sich vor, welche überirdische Divinations=
gabe damit nicht nur dem Fremden, sondern auch dem
Einheimischen zugemutet wird, der doch unmöglich in
allen Gegenden der 495 Quadratkilometer genau Bescheid
wissen kann.   Wie soll er sonst in einem unbekannten
Quartier erraten, daß er just in der Straße angelangt
ist, die er sucht? Wer ohne kundige Führung einen
Gang unternimmt, dem bleibt, wenn er sich nicht müh=
sam durchfragen will, nichts übrig, als auf dem Plan
den Ausgangspunkt und dann jede Schwenkung mit
Fähnchen abzustecken; nur dann wird er auf den strate=
gischen Erfolg der Erreichung seines Zieles rechnen
dürfen.

Ein Loblied hingegen muß man der Straßen=
beleuchtung singen. Da können nun wir wieder
lernen. In den Geschäftsvierteln tragen, wie in Newyork,
schon die Lichtreklamen wesentlich dazu bei, eine strahlende
Helle zu verbreiten. Aber auch das Stadtregiment treibt
mit der aufklärenden Elektrizität eine erfreuliche Ver=
schwendung. In dem schmucken Detroit zum Beispiel
werfen hohe schlanke Leuchttürme, durch ihre zierliche
Eisenkonstruktion im kleinen an den Eiffelturm ge=
mahnend, ihren Schein viele Straßen weit. In Colum=
bus, der politischen Hauptstadt des Staates Ohio, wird
dieser Effekt durch einen noch stärkeren übertrumpft. Als
ich dort abends eintraf und aus dem hochgelegenen
Bahnhof heraustrat, sah ich die von da aus sanft bergab
gleitende Hauptstraße in einem feenhaften Lichtmeer mir
zu Füßen liegen. Mächtige eiserne Rundbogen, die sich
ungefähr alle hundert Schritt weit über den ganzen
Fahrdamm wölbten, waren mit unzähligen Glühlampen
besetzt und wirkten in der Perspektive wie ein zusammen=
hängender feuriger Laubengang. „Was ist denn heute
hier los?" fragte ich meinen Gastfreund. „Nichts,"
antwortete er; „das ist unsere tägliche Straßenbeleuch=
tung."

Nicht ohne Vorteil scheint mir auch das System
der Vorder= und Hinterstraßen, das hie und da in den
Geschäftsvierteln durchgeführt ist. An der Hinterseite
der Häuser zieht sich, parallel mit der breiten Straße
vorn, eine schmälere entlang, die hauptsächlich dem Ver=
kehr der Lastfuhrwerke, der Auf= und Abladung von
Waren dient.

Zweierlei Erscheinungen, die dem europäischen

Straßenbild selten fehlen, sucht man im amerikanischen
vergebens. Man sieht keine Bettler und kein Militär.
Sowohl die Armut wie der Militarismus scheinen sich
in den Vereinigten Staaten verschämt zu verbergen; denn
daß sie beide auch dort zur Genüge vorhanden sind,
steht ja außer Zweifel. Was den Militarismus betrifft,
so bezeugt er seinen neuerlichen Aufschwung wenigstens
dadurch, daß auf freien Plätzen oder vor öffentlichen
Gebäuden fürchterliche Kanonen (meist im spanischen
Krieg erbeutet) den harmlosen Wanderer angähnen. Durch
ihre so augenfällige Aufpflanzung will das amerikanische
Volk offenbar — nach europäischen Mustern — seine
Friedensliebe demonstrieren.

So gibt es denn auch allerorten ein paar erz-
gegossene Generale hoch zu Roß; und jede Stadt hat
ihr Soldatenmonument, zur Erinnerung an die im großen
Bürgerkriege Gefallenen. Unter diesen Denkmälern sind
einige von bemerkenswerter Schönheit (ganz besonders
das imposante, von Bruno Schmitz entworfene, in
Indianapolis); der Rest zählt zu jener patriotischen
Kunst, bei welcher der Patriotismus als Zweck keineswegs die Mittel heiligt. Ja, man findet darunter solche
haarsträubende Geschmacksverirrungen, daß sogar der
Zweck verfehlt wird, da sie statt einer andächtigen Stimmung eine ironische erwecken.

Ebenso wie bei der Anlage der Städte darf man
bei ihrer Ausschmückung hoffen, daß eine nahe Zukunft
die Sünden des vergangenen Geschlechtes gutmachen
wird. Anzeichen dafür und Ansätze dazu gewahrt man
überall. Ob man schon heute — abgesehen von den
„Wolkenkratzern" — von einem eigenen amerikanischen

Baustil reden kann, scheint mir fraglich. Die originelle Anwendung des Rundbogens in Verbindung mit burg= artig gedrungenen Rustikafassaden geht doch im einzelnen auf bekannte Motive europäischer Kunst zurück. Aber auch wir zehren ja in dieser Hinsicht noch ausschließlich von der Vergangenheit und haben den modernen Baustil trotz allen mehr oder minder glücklichen Experimenten noch immer nicht entdeckt. Sicherlich wird in der Ver= wertung des überlieferten Formenschatzes in Amerika heutzutage kaum minder Bedeutendes geleistet, als bei uns. Neuere Monumentalbauten, wie das United States= Gebäude in Indianapolis oder die öffentliche Bibliothek in Chicago oder das Staatskapitol in St. Paul, das mich in der fast übertriebenen Pracht seines Materials und in der pompösen Weiträumigkeit seines Treppen= hauses an das Wiener Burgtheater erinnerte, stehen ebenbürtig neben unseren besten modernen Architektur= schöpfungen.

Das reichste Betätigungsfeld aber hat sich der offiziellen Baukunst naturgemäß in Washington geboten, ebenso wie der privaten in Boston. Auf diese beiden Städte will das allgemeine Schema nicht passen; denn sie sind — auch in ihrer äußeren Gestalt — die Aristo= kraten unter den amerikanischen Gemeinwesen. Schon der flüchtige Besucher erkennt, daß sie ihre Bedeutung nicht erst der jüngsten Zeit verdanken; sie allein umweht ein historischer Hauch.

Ist Newyork die internationalste Stadt Amerikas, so ist Boston die englischste. Aus den Ansiedlungen der Puritaner hervorgegangen, verleugnet sie auch heute noch nicht, weder in ihrem Wesen noch in ihrer Bauart, die

engeren Beziehungen zum Mutterlande. In dem gemüt=
lichen Gewinkel ihrer ältesten Teile, in der gediegenen,
hie und da etwas steifen Vornehmheit ihrer neueren
Viertel prägt sich der gesunde Konservatismus eines ge=
festeten Bürgertums aus, das sich von dem schnelleren
Tempo ringsum nicht aus seiner Reserve heraustreiben
läßt. Von der kulturstolzen Kapitale Neuenglands, die
sich selbst die „Nabe der Welt" nennt, sind bekanntlich
alle höheren Bildungsbestrebungen des Landes aus=
gegangen, und wie ein sichtbares Symbol der Ver=
schwisterung des Handelsgeistes mit dem Geiste der
Wissenschaft und Literatur schließt sich an die Großstadt,
nur durch den Strom von ihr getrennt, der stille Musen=
sitz Cambridge mit der Harvard=Universität. Wie sich
Boston dieser Nachbarschaft würdig zu erweisen sucht,
zeigt sich am deutlichsten darin, daß unter seinen vielen
schönen Gebäuden das schönste und kostbarste die öffent=
liche Bibliothek ist, das Vorbild aller späteren Bibliotheks=
bauten Amerikas. Man hat Boston nicht ganz unbe=
gründeterweise mit Hamburg verglichen; aber der Vergleich
würde erst zutreffen, wenn am anderen Ufer der Elbe
Göttingen läge, und wenn in fast drei Jahrhunderten
innigster Wechselbeziehung Göttingen von Hamburg den
freien Weltmannsblick, Hamburg von Göttingen die
geistige Vertiefung empfangen hätte. Wenn übrigens,
wie man mir sagte, Boston im Begriffe steht, an der
Backbai, einer Verbreiterung des Stromes, die eine ge=
wisse Ähnlichkeit mit der Alster besitzt, durch die Anlage
einer imposanten neuen Uferstraße den anderen ameri=
kanischen Städten mit gutem Beispiel voranzugehen, so
wird es äußerlich noch mehr als jetzt an Hamburg erinnern.

Es gibt verschiedene Arten von Aristokratie. Ist Boston ein Patrizier, so ist Washington ein Grandseigneur. Es hat die Würde, die Feierlichkeit und auch ein wenig die Monotonie offizieller Repräsentation. Es ist die einzige Stadt der Union, die nicht aus sich selbst durch natürliche Entwicklung entstand, sondern zu einem vorgefaßten Zweck künstlich geschaffen wurde. Als man beschloß, an dieser Stelle die Bundeshauptstadt zu errichten, gab es hier noch nicht einmal eine Ansiedlung. Darum gleicht sie heute einigermaßen jenen europäischen Residenzen, die sich abseits von der Heerstraße um den Wohnort eines Fürsten herum gebildet haben. Mit exklusiver Zurückhaltung scheidet sich der politische Mittelpunkt von den wirtschaftlichen Mittelpunkten; ihm fehlt der autochthone Reichtum und der hastige Aufschwung; aber wie in einem Hauptquartier, das in sicherem Abstand von der Walstatt liegt, laufen hier alle Fäden zusammen. Diesem besonderen Charakter der Stadt entspricht ihr Anblick. Die breiten Avenuen sind verhältnismäßig still; um die monumentalen Bauten herum, in denen das Reich regiert wird, herrscht Gottesfriede. Das Kapitol am einen, das Weiße Haus, der herrschaftliche, aber nicht fürstliche Wohnsitz des Präsidenten, am anderen Ende der langen Hauptstraße erfreuen sich einer idyllischen Ruhe. An die vornehmen Villenviertel, wo die Minister, Diplomaten, hohen Beamten, Senatoren und Deputierten beisammen wohnen, grenzt fast unmittelbar schmucklose Dürftigkeit.

Dennoch läßt sich nicht leugnen, daß an einzelnen Stellen der Stadt die Größe des Reiches, das sie nach innen und außen vertritt, einen würdigen und packenden

Ausdruck findet. Von wo man sich auch dem Kapitol
nähert, man ist, auch wenn man es aus Abbildungen
kennt, überrascht, wie wirksam der Gedanke einer modernen Akropolis in ihm Gestaltung gewonnen hat. Auch
durch das Innere geht ein großer Zug, der umsomehr
die teilweise erschreckende Minderwertigkeit des plastischen
und malerischen Schmuckes bedauern läßt. Man sieht
dort Statuen und Gemälde von so groteskem Dilettantismus, daß man es nur mit einer weitgehenden Pietät
erklären kann, wenn sie nicht längst in die Rumpelkammer
geworfen sind.

Außen und innen gleich vollendet erscheint mir dagegen die unweit vom Kapitol sich erhebende neue Kongreßbibliothek. In ihrem großen Lesesaal besitzt sie einen
der herrlichsten Räume, die ich je gesehen. Durchweg
in edelstem Material gehalten, die ganze Höhe des Gebäudes einnehmend, von der mächtigen Kuppel überwölbt,
verkörpert er die Andacht vor dem Wissen mit kaum
geringerer Eindringlichkeit, als italienische Dome die
Glaubensandacht verkörpern.

Und vielleicht den stärksten Eindruck empfängt man
von dem schlichten, nur durch seine gewaltigen Maße
wirkenden Obelisk, der dem Andenken an den Vater des
Vaterlandes geweiht ist, dem höchsten Steinbau der Welt.
Nirgends an seiner Außenseite liest man den Namen
Washington; aber wenn man, echt amerikanisch, mit
einem Fahrstuhl zu seiner Spitze befördert worden ist
und die ganze Hauptstadt mit dem lachenden Land
ringsum wie um seinen Fuß geschmiegt sieht, dann fühlt
man: Andacht hat auch dieses Werk geschaffen, Andacht
vor menschlicher Größe.

Alles in allem — die amerikanischen Städte, auch
Boston und Washington nicht ausgenommen, sind noch
nicht fertig. Manches Fehlende muß in ihnen noch er=
gänzt, manches Störende noch beseitigt werden, ehe sie
für das künstlerisch geschulte Auge mit den schönsten
Städten Europas in Wettbewerb treten können. Aber
sie stehen nach gärenden Jugendjahren an der Schwelle
ihrer Großjährigkeit; sie rüsten sich, das Zeugnis der
Reife zu erringen. Es ist, wie wenn ein junger Hüne
allzu rasch aufschoß. Die Kleider, in denen er bisher
gesteckt, sind ihm verwachsen; in den neuen weiß er sich
noch nicht recht zu bewegen; oder sie sind überhaupt erst
in Arbeit. Eine kurze Weile, und er wird sie zu tragen
wissen.

Reisekultur

Mag der europäische Lehrmeister, sobald es an die ästhetische Lektion geht, sich noch immer mit berechtigter
Überlegenheit in die Brust werfen, in der praktischen
Ästhetik des Reisens ist ihm der transatlantische Schüler
jedenfalls vorausgegangen. Amerikanische Eisenbahnen
und amerikanische Hotels waren die Vorbilder, deren
allmählicher Nachahmung unser altweltliches Nomaden-
leben einen beträchtlichen Teil seines heutigen Komforts
verdankt. Hat auch unser Fortschritt auf dem von
drüben her gewiesenen Wege den Abstand jetzt einigermaßen ausgeglichen, so besitzen die Amerikaner doch im
großen und ganzen noch ein Recht zu der Behauptung,
daß man bei ihnen besser reisen könne als bei uns.

Wenn europäische Besucher des Landes dem nicht
durchweg beipflichten, ja, wenn man aus ihrem Munde
oft mehr ärgerlichen Tadel als Anerkennung vernimmt,
so muß man bedenken, daß auf diesem Gebiete gut und
schlecht sehr relative Begriffe sind. Auf Reisen läßt der
Mensch seiner Subjektivität williger die Zügel schießen
als daheim und ist je nach Laune, Wetter, Gesellschaft
den merkwürdigsten Suggestionen ausgesetzt. Dazu kommt
die Verschiedenheit der Ansprüche; von den Bequemlich-

keiten, die er zu Hause hat, genügt unterwegs dem
einen schon der dritte Teil, dem andern noch nicht die
Verdreifachung. Dazu kommt vor allem die Macht der
Gewohnheit; sie veranlaßt den Dutzendreisenden, als
gut zu bezeichnen, was dem heimischen Brauch entspricht,
und als schlecht, was ihm zuwiderläuft.

Mir scheint, wer vorurteilslos vergleicht, der wird
die großen Vorzüge der amerikanischen Reisekultur nicht
verkennen; er wird aber auch nicht in blindem Enthusiasmus ihre Unvollkommenheiten übersehen.

Was zunächst die Eisenbahn betrifft, so sind die
besten Züge dort sicherlich besser als unsere besten. Der
Luxus der Pullmanwagen ist ja oft genug beschrieben
worden. Wer nachts im Schlafwagen sein abgeschlossenes
Kompartiment (State Room), am Tage seinen bequemen
Drehsessel im „Parlor Car" hat, im trefflich eingerichteten
Speisewagen seine Mahlzeiten, im Rauchwagen seinen
Kaffee nimmt, an einem mit allem Zubehör versehenen
Schreibtisch seine Korrespondenz erledigen kann, für sein
Lesebedürfnis eine hübsche Auswahl von Zeitschriften
und für sein Reinlichkeitsbedürfnis nicht nur eine vorzügliche Wascheinrichtung, sondern hie und da sogar ein
Badezimmer vorfindet, der legt die weitesten Strecken
mit einem häuslichen Behagen zurück, von dem sogar
der Gast unserer internationalen Expreßzüge sich nichts
träumen läßt. Zwar gibt es einzelne Linien, auf denen
die Wagen sehr stark wackeln; auf den meisten jedoch
gleiten sie ohne merkliche Erschütterung dahin. Doppel-
fenster wehren sowohl dem Ruß wie dem Frost. Nie
fehlen dienstbare Geister (größtenteils sind es Schwarze),
die auch nach kurzer Fahrt dem Reisenden Kleider und

Hut abzustauben beflissen sind. In den neueren Wagen trifft man ausgiebige elektrische Beleuchtung. Die Küche im „Dining Car" läßt nichts zu wünschen; aus einer reichhaltigen Speisekarte kann man sich für einen Dollar so viel Gänge aussuchen, wie man will, sogar nach Belieben sich eine zweite Portion desselben Gerichtes servieren lassen. Nur außer der Zeit bekommt man seltsamerweise nichts, weder für Geld noch für gute Worte; nicht einmal eine Tasse Tee.

Schon weniger angenehm gestaltet sich die Nachtfahrt, wenn man das State Room besetzt findet (es gibt in jedem Wagen deren nur zwei) oder die bedeutenden Mehrkosten dafür nicht aufwenden will. Schlafwagen, die nach unserem System in abgeschlossene Coupés geteilt sind, fängt man jetzt erst an zu bauen. Der Einrichtung des gewöhnlichen amerikanischen „Sleeper" kann ich jedoch keinen Geschmack abgewinnen. Da gibt es nur einen gemeinsamen Raum, in dem bis zu dreißig Unter- und Oberbetten der Längsrichtung nach angebracht sind. Die einzelnen Mitglieder der Schlafgesellschaft — Männlein und Weiblein in bunter Reihe — sind nur durch Vorhänge voneinander getrennt, die man nach dem schmalen Mittelgang hin zuzieht. Das Aus- und Ankleiden muß man daher in seinem Bett vornehmen, eine Kunst, deren virtuose Ausübung ich umsomehr bewunderte, als man im Unterbett nicht einmal den Kopf aufrichten kann, ohne damit heftig gegen die hölzerne Grundlage des Oberbettes zu stoßen. Sah ich, kurz nachdem meine Nebenmenschen hinter dem Vorhang verschwunden waren, ein Paar Herren- oder Damenstiefel von unsichtbarer Hand vor den Vorhang gestellt, so erinnerte mich das an die bekannten Experimente jener Spiritisten, die nie beweglicher sind, als wenn man sie an allen Gliedern gefesselt hat.

Die Annehmlichkeiten, die man im Pullman gegen einen verhältnismäßig geringen Zuschlag genießt, werden aber gänzlich aufgehoben, sobald man auf die gewöhnlichen Wagen angewiesen ist. In vielen Zügen läuft nur ein einziger Pullman mit, in dem man bei nicht rechtzeitiger Vorausbestellung keinen Platz mehr findet; bei Nebenlinien und bei nicht durchgehenden Zügen der Hauptlinien gibt es überhaupt keinen. Die gewöhnlichen Wagen nun haben nicht wie bei uns verschiedene Klassen, und die eine, die sie führen, steht hinter unserer zweiten zurück und erhebt sich höchstens durch die fragwürdige Polsterung der Bänke über unsere dritte. Diese für je zwei Personen bestimmten Bänke sind rechts und links vom Mittelgang des ohne jede Abteilung gebauten Wagens so dicht hintereinander angebracht, daß es ein verwickeltes Unternehmen ist, die Füße auszustrecken, und ein unmögliches, den Platz zu verlassen, ohne daß der Inhaber des Nebenplatzes aufsteht. Auf westlichen Linien werden diese Heringskästen noch hie und da mit antediluvianischen eisernen Ofen geheizt, die in ihrer nächsten Nachbarschaft die Glut des Äquators ausströmen und schon in einer Entfernung von zwei Metern der Vereisung nicht mehr wehren. Umso größeres Lob verdienen auch hier die Waschräume; zu den Selbstverständlichkeiten gehört da ein frisches Stück Seife und ein Berg von reinen Handtüchern, von dem ich nur wünsche, er möge sich alpdrückend auf das Gewissen unserer heimischen Bahndirektionen wälzen.

Ungenügend sind überall, auch in den Pullman=
wagen, die Vorrichtungen zur Unterbringung des Hand=
gepäcks. In die über den Sitzen befindlichen flachen
Behälter darf man sogar die landesüblichen schmalen
Handköfferchen nur dann legen, wenn man will, daß
sie einem binnen spätestens zehn Minuten auf den Kopf
purzeln. Zwar hat man — in wohltuendem Gegensatz
zu unserem System — für das aufgegebene Gepäck
nichts zu bezahlen; aber es wird so unsänftiglich be=
handelt, daß man darauf gefaßt sein muß, irgend zer=
brechliche Gegenstände bei der Ankunft in Scherben
wiederzufinden. Und von manchen Dingen wird man
sich während einer langen Fahrt umsoweniger gern
trennen, als man sie am Ziel gleich bei der Hand zu
haben wünscht. Denn es ist nicht üblich und daher auch
nicht ratsam, die Koffer sich am Bahnhof ausfolgen zu
lassen. Man läßt sie vielmehr, empfehlenswerter Landes=
sitte gemäß, direkt nach seinem Absteigequartier „checken";
nur muß man dort mitunter empfindlich lange darauf
warten.

Unsere neueren deutschen Bahnhofsgebäude (Frank=
furt, Dresden u. s. w.) sieht man drüben nirgends er=
reicht, geschweige übertroffen. Einige imponierende Bauten,
wie die Zentralstationen von St. Louis und Newyork,
ändern nichts an dem Gesamteindruck, daß die amerikani=
schen Bahnhöfe in Bezug auf Sauberkeit, Übersichtlichkeit
und Zweckmäßigkeit nur mit dem älteren europäischen
Typus sich messen können. Die Nebenstationen begnügen
sich meist mit Bretterbuden. Eigentliche Wartesäle kennt
man überhaupt nicht; für die auf den Abgang des
Zuges Harrenden stehen Bänke in der Empfangshalle,

in der auch die Billettschalter untergebracht sind. Die
Bahnsteige sind durchweg aus Holz und in der Regel
so schmal, daß man Mühe hat, sich zwischen zwei rechts
und links haltenden Zügen hindurchzuwinden. Die Geleise liegen nicht tiefer, sondern mit dem Bahnsteig auf
gleichem Niveau, und das Erklimmen der Pullmanwagen wird in etwas primitiver Weise dadurch er-
leichtert, daß der Schaffner einen Schemel herausstellt.
Sehe jeder, wo er bleibe! Ein Abfahrtsignal gibt es
nicht; ist die Zeit erfüllt, dann setzt sich der Zug mit
heimtückischer Zeremonienlosigkeit in Bewegung. Dagegen
besitzt jede Lokomotive, ähnlich wie bei unseren Klingel-
bahnen, eine große Glocke, mit der sie einen fürchter-
lichen Lärm verübt, solange sie sich im Bereich einer
Station oder in der Nähe der meist barrierelosen Bahn-
übergänge befindet.

Reist man im Osten, so wird man seltsam berührt
von der Überfülle der Reklamen, die den ganzen Fahrdamm entlang auf Holzgerüsten prangen. Zwischen Newyork und Philadelphia ist stellenweise auf beiden Seiten
die Welt buchstäblich mit Brettern vernagelt. Da kann
man nicht nur in Riesenlettern lesen, wo man die besten
Hüte oder die besten Hustenmittel erhält; die bildende
Kunst kommt dem trockenen Wort zu Hilfe und zaubert
in die Landschaft überlebensgroße Darstellungen der be-
gehrenswerten Artikel oder gar förmliche Theaterkulissen,
deren symbolische Schilderei die schweifenden Gedanken
des Reisenden in den Ideenkreis des Kaufobjektes hinein-
lockt. So genießt man zum Beispiel den erquickenden Anblick einer ganzen weidenden Kuhherde, täuschend auf
Bretter gemalt und in den Umrissen ausgeschnitten, zur

Empfehlung einer Milchsorte. Auf dem Wege nach
Boston verschönern solche Dekorationen sogar einen
idyllischen See, aus dessen friedlichem Spiegel sie gleich
Pfahlbauten hervorragen.

Eine bei uns unbekannte Schwierigkeit entsteht dadurch, daß es zwischen allen wichtigen Punkten verschiedene konkurrierende Linien gibt, und daß daher ein
besonderes Studium erforderlich ist, um die beste Verbindung auszuspüren. Zwar existiert ein dickleibiges
Kursbuch für das gesamte Bahnsystem der Vereinigten
Staaten; aber nicht einmal die Amerikaner wissen sich
darin zurechtzufinden. Man hält sich an die Einzelfahr-
pläne, die von jeder Kompanie herausgegeben werden
und zu freier Aneignung in den Hallen der Hotels auf-
liegen. Aber wenn man nur ahnte, in welcher von
diesen zahllosen buntfarbigen Broschüren man gerade
die Route zu suchen hat, die man benützen will! Und
weiter, ob diese Route auch wirklich die vorteilhafteste
ist! Die auf dem Titelblatt prangenden, meist ganz
willkürlich gewählten Namen der Kompanien besagen
darüber nichts. Nur durch tiefgründige Forschung unter
Anleitung eines kundigen Thebaners wird das Problem
gelöst; was aber nicht ausschließt, daß man hinterher
von einem noch kundigeren Thebaner erfährt, diese
Lösung sei durchaus noch nicht die denkbar beste gewesen.

Das Behagen einer Eisenbahnfahrt wird gewiß nicht
ausschließlich durch die verkehrstechnischen Einrichtungen
bedingt; es ist in hohem Grade noch von einem anderen
Faktor abhängig: von dem Verhalten der Mitreisenden.
Die äußere Reisekultur hat einen fragwürdigen Wert,

wenn die innere versagt. In dieser habe ich das
amerikanische Publikum durchweg auf einer Stufe ge=
funden, die mir den aufrichtigsten Respekt eingeflößt hat.
Einerlei ob ich im vornehmen Pullman mit Angehörigen
der oberen Gesellschaftsklassen oder im gewöhnlichen
Wagen mit Vertretern der verschiedensten Bevölkerungs=
schichten zusammen fuhr — ich habe niemals eine Flegelei
erfahren oder beobachtet; ja nicht einmal eine Unhöflich=
keit. Von meinen Reisen im lieben Vaterlande und in
anderen Ländern Europas kann ich leider nicht das
gleiche behaupten; da gibt es namentlich eine in nicht
allzu seltenen Exemplaren auftretende Spezies, die in
Amerika, soweit mein persönlicher Anschauungskreis
reicht, völlig unbekannt scheint: den gebildeten Rüpel.
Unstreitig, der Amerikaner nimmt vom Mitreisenden
keine Notiz, solange dazu kein besonderer Anlaß vor=
liegt; darin sehe ich aber nur einen Vorzug. Der neu
Einsteigende — gleichviel ob Herr oder Dame — wird
nicht mit neugierigen Blicken gemustert; der Platznach=
bar wird nicht zum Zweck einer gleichgültigen Unter=
haltung angesprochen. Liegt doch schon in dem Nicht=
vorhandensein von Damencoupés ein großes Kompliment
für die amerikanischen Männer; denn alleinreisende
Frauen, auch junge und hübsche, sind vor jeder Zu=
dringlichkeit, ja vor jedem Anstarren gefeit. Sobald
jedoch die Anteilnahme an dem Nebenmenschen eine
praktische Bedeutung gewinnt, zum Beispiel in Gestalt
einer Auskunft oder einer Rücksicht, dann wird man
sie niemals zu vermissen haben. Wiederholt begegnete
es mir, daß der rechtmäßige Eigentümer eines Sitzes,
den ich irrtümlich eingenommen, nicht zulassen wollte,

daß ich ihm diesen einräumte. In einem überfüllten
Wagen sah ich, daß ein paar Herren zu ihren wenige
Minuten vorher verlassenen Plätzen wiederkehrten und
diese besetzt fanden, obwohl ihre Mäntel darauf zurückgeblieben waren; ohne ein Wort zu sagen, nahmen sie
die Mäntel fort und brachten sich anderswo unter, so
gut es ging.

Nur ein Land von so hochentwickelter Reisekultur
konnte ein Gasthofswesen ausbilden, dessen Durchschnitts-
leistungen man erst wahrhaft schätzen lernt, wenn man
von seinen glänzenden Schaustücken nicht mehr geblendet
wird. Denn der erste Eindruck amerikanischer Hotels
ist Verblüffung über ihre Dimensionen und den Prunk
ihrer Ausstattung. Eine weite marmorprangende Halle
empfängt den Eintretenden; daran schließen sich, oft mit
einem Wintergarten vereint, unabsehbare Restaurations-
räume. Im Kniestock läuft eine Galerie rings um die
Halle herum; dort geht es zu den Damensalons und
zu den Festsälen. Die Gänge sind mit schwellenden
Teppichen belegt, ihre Wände mit großen Ölgemälden
geschmückt, die auch bei Tag durch elektrische Blend-
lampen eine effektvolle Beleuchtung erhalten. Mehrere
Fahrstühle vermitteln in stetigem Auf und Nieder den
Verkehr zwischen den zahlreichen Stockwerken; denn das
Treppensteigen hat der Amerikaner sich überhaupt ab-
gewöhnt. Sie führen bis zu dem flachen Dach empor,
auf dem als lockender Sommeraufenthalt ein künstlicher
Garten sich ausdehnt. Aber auch unter der Erde liegt
noch eine Welt; da findet man ein billigeres Bier-
restaurant, mit dem guten deutschen Wort „Ratskeller"
bezeichnet, Billardsäle, Waschräume, in denen ein ganzes

Bataillon sich gleichzeitig säubern könnte, und luftige Lokalitäten für den Großbetrieb einer Legion von Barbieren. Noch ein Stockwerk tiefer breitet sich das Reich der Wirtschaftsräumlichkeiten und der technischen Anlagen aus, die ich in dem größten Hotel Newyorks, dem „Waldorf=Astoria", staunend besichtigen durfte. Eine ganze unterirdische Stadt, von emsigstem Leben erfüllt! Hat man sich durch das schier endlose Labyrinth der Küchen, der Vorratskammern, der Cigarrenlager, der Kühlräume, der Weinkeller, der Maschinenhäuser für Heizung, Licht, Eisbereitung hindurchgewunden, so gelangt man erst noch zu einer langen Reihe von Werkstätten, in denen man Vertreter jedes erdenklichen Handwerks, ausschließlich im Dienste des Hotels, an der Arbeit sieht. Da fehlt sogar nicht ein Uhrmachermeister mit seinen Gehilfen, dessen gesamte Tätigkeit den Hoteluhren gewidmet ist.

Auch der Komfort in den Wohnräumen überbietet in wesentlichen Punkten den der ersten europäischen Gasthöfe. Zu jedem besseren Zimmer, auch zu jedem einbettigen, gehört, beinahe selbstverständlich, ein Badekabinett und ein Waschtisch mit fließendem kalten und warmen Wasser; dazu auch gleich die nötige Seife in eleganter Verpackung. Die Betten, breiter als bei uns, sind durchweg vorzüglich. In geräumigen Wandschränken, die sich oft bis zu Garderobekammern auswachsen, kann selbst eine kleidergesegnete Modedame ihre zwei Dutzend Toiletten übersichtlich unterbringen. Zur Regulierung der Zentralheizung findet man in neuen Häusern an der Wand eine Skala, deren Zeiger man nur auf die Zahl des Temperaturgrades zu schieben braucht, den man zu haben begehrt. Das in jedem Zimmer angebrachte Telephon vermittelt nicht nur den Verkehr mit dem Bureau und mit der Dienerschaft, sondern kann ohne weiteres auch zu beliebigen Stadt- und Ferngesprächen benützt werden. Wünscht man im Restaurant zu telephonieren, so braucht man sich nicht von seinem Platz zu erheben; ein transportabler Apparat wird einfach vor einen auf den Tisch gestellt.

Aber trotz allen diesen bis zum Raffinement gesteigerten Lebenserleichterungen wird der Europäer manche Wunderlichkeit entdecken und manche praktische Einrichtung der Heimat in dem praktischen Amerika kopfschüttelnd vermissen. Ein trauliches Möbelstück, ohne das er sich bisher eine Schlafzimmerinstallation nicht hat denken können, sucht er in fast allen amerikanischen Hotels vergebens: den Nachttisch. Ein Badethermometer verlangt er umsonst; man kennt es nicht; die Hand muß ihm zur Abschätzung der Wasserwärme dienen. Bei reichlicher elektrischer Beleuchtung gibt es keine Bettlampe, ja nicht einmal einen am Bett angebrachten Ausschalter. Um das Licht zu löschen, muß man daher bis an die Tür gehen und sich dann quer durch das dunkle Zimmer bis zu seinem Bett tasten. Will man in der Nacht Licht haben, so ist die gleiche Prozedur in umgekehrter Richtung erforderlich.

Wie im privaten Haushalt, so bildet auch im Hotelbetrieb die Bedienungsfrage eines der schwierigsten Probleme des amerikanischen Alltagslebens. Der demokratische Geist erblickt zwar in der Arbeit an sich, ob sie nun hoch oder niedrig sei, etwas prinzipiell Ehrenvolles; aber die persönliche Handreichung nimmt er merkwürdiger-

weise davon aus. Der allzeit hilfsbereite deutsche Haus=
knecht, diese Seele von einem Menschen, hat in der
Neuen Welt keinen Rivalen. Das Zimmermädchen ist
eine strenge und exklusive Lady, die sich zwar herbeiläßt,
das Bett zu machen, außerhalb dieses Ressorts aber
keine Aufträge zu empfangen wünscht. Gibt man Kleider
und Stiefel des Nachts vor die Tür, so deutet man
damit nur an, daß sie einem gestohlen werden können;
werden sie es trotzdem nicht, so findet man sie am
Morgen in unverbessertem Zustande wieder. Einen
Menschen, der amtlich verpflichtet wäre, die Kleider zu
reinigen, enthält das Hotelpersonal überhaupt nicht, nur
einen Schneider, der sie für teures Geld aufbügelt. Nach
allerlei fruchtlosen Experimenten ringt man sich daher
zu der Überzeugung durch, daß man am besten tut, sie
selber auszubürsten. Die Stiefel muß man sich, während
man sie anhat, im Souterrain des Hotels putzen lassen
oder — wie es die privat wohnende Menschheit tut —
auf der Straße. Da wird es dann, wenngleich mit
einigem Zeitverlust, wenigstens nach allen Regeln der
Kunst durch die „Bootblacks" besorgt. Diese sind fast
durchgängig Ausländer, vorwiegend Südeuropäer,
Italiener oder Griechen. Denn dem geborenen Ameri=
kaner, auch dem ärmsten und elendesten, gilt nun ein=
mal die Ausübung dieses einwandfreien und nützlichen
Berufes als tiefste Erniedrigung.

Die weite, prachtvolle Eingangshalle, die an und
für sich einen sehr angenehmen Aufenthalt bieten würde,
dient dem sonderbaren Nebenzweck, der Tummelplatz
und das Stelldichein all der Leute zu sein, die, ohne
im Hotel zu wohnen, ein bedecktes und gewärmtes Lokal

der Straße vorziehen. Man glaubt oft, sich hier an
der Börse zu befinden; denn der ganze Raum wird be=
schlagnahmt von einer dichtgedrängten Männerwelt, in
der die zahlenden Gäste des Hauses nur die ver=
schwindende Minorität bilden. Diese letzteren können
schon zufrieden sein, wenn es ihnen gelingt, sich durch
die illegitime Menschenansammlung einen Weg zu bahnen.

Einen Tadel, der von deutscher Seite ab und zu
gegen die amerikanischen Hotels erhoben wird, halte ich
für ungerecht. Man beschwert sich darüber, daß in
ihnen der Gast nur eine Nummer sei; daß außerhalb
des geschäftlichen Verkehrs sich niemand um ihn kümmere,
ja daß sogar — und das ist der Gipfel der Verdrieß=
lichkeit — niemand ihn bewillkommne und verabschiede.
Zugegeben. Aber ist er denn etwa in unseren großen
Hotels nicht auch nur eine Nummer? Bekümmern sich
die leitenden Mächte anders um ihn, als indem sie ihn
gelegentlich in ein Gespräch über das Wetter verwickeln?
Und ist der gleichgültige Gruß, den bei der Ankunft
und Abreise ein Mann im schwarzen Gehrock ihm gönnt,
nicht nur ein sinnlos gewordenes Rudiment längst ver=
schwundener oder in die Kleinstadt geflüchteter patri=
archalischer Wirtsgemütlichkeit? Man mag es bedauern,
daß der Herbergsvater nicht mehr wie ehemals vor dem
Ankömmling sein Käppchen zieht und sich, über Gott
und die Welt plaudernd, zu ihm auf die Ofenbank setzt.
Aber in einem modernen großstädtischen Taubenschlag
kann der Wirt unmöglich alle seine Gäste kennen; was
liegt also daran, ob er ihnen gegenüber eine leere Form
beobachtet oder nicht? In Amerika lernte ich umso lieber
auf den Abschiedsgruß des Schwarzrockes verzichten, als

auch sein spalierbildendes Gefolge von Trinkgeldkandidaten
dort nicht in die Erscheinung tritt. Nur im Osten,
unter europäischer Einwirkung, hat das Trinkgeldwesen
sich einzunisten begonnen. Der Westen hat in Bezug
auf diese Unsitte bis zum heutigen Tage seine Kinder=
reinheit bewahrt.

Selbst in den kleineren und kleinsten Orten fand ich
Gasthöfe, in denen sich's leben läßt. Unreinlichkeit be=
gegnete mir nur in einem einzigen Fall. Der Gaumen
und der Magen freilich sind, sobald man von der Heer=
straße abzweigt, zu oft recht schmerzlichen Entbehrungen
gezwungen, und ich wünschte mir manchmal das kräftige
Gebiß eines Ureinwohners, um das Fleisch, das aus
den namengebenden Attributen des berühmten Leder=
strumpf geschnitten schien, zu zerkleinern. In der Groß=
stadt aber ist man überall gut verpflegt, und die Tisch=
bedienung, die im Westen zum größeren Teil den Negern
zufällt, zeichnet sich sowohl durch Raschheit wie durch
Geräuschlosigkeit aus. Da auch die Gäste an den
anderen Tischen es nicht, wie bei uns, für erforderlich
halten, daß jedes von ihnen gesprochene Wort mit der
Tonstärke der Posaunen von Jericho durch den Saal
dröhnen muß, so könnte man sein Mahl in beschaulichster
Ruhe verzehren, bestünde nicht in allen besseren Re=
staurants die Gepflogenheit, es durch Musik zu würzen,
meistenteils durch schlechte Musik. Das ist eine Mode,
die leider auch in Europa, von drüben eingeschleppt,
immer mehr überhandnimmt und bei der, um mit
Hamlet zu reden, „der Bruch mehr ehrt als die Be=
folgung". Denn sowohl die Kunstfreunde wie die
Freunde eines vernünftigen Tischgesprächs werden da=

durch) unglücklich gemacht, und befriedigt werden davon
nur jene Barbaren, die den Mangel jeder inneren
Stimme durch äußeren Lärm, harmonischen oder dis=
harmonischen, zu erseßen trachten.

Der allgemeinste und empfindlichste Übelstand jedoch,
unter dem in Amerika während der kalten Jahreszeit
der Reisende seufzen muß, ist die wahnsinnige Über=
heizung der Eisenbahnwagen, der Hotelzimmer, der Re=
staurants, der Klubs, der Versammlungslokale, kurzum
sämtlicher Innenräume. Ein Hilfsmittel dagegen gibt
es, auch wenn man über den Raum die freie Verfügung
hat, in den seltensten Fällen; denn die Regulierung
pflegt, außer bei dem zuvor erwähnten neuesten System,
zu versagen. Stellt man auch die Heizung gänzlich ab,
die glühenden Röhren, die an der Wand entlang laufen,
kümmern sich nicht im geringsten darum und fahren fort,
ihre Höllentemperatur auszustrahlen. Troß völliger Ab=
drehung des Apparats und troß bei Frostwetter offenen
Fenstern konnte ich manchmal vor drückender Hiße keinen
Schlaf finden. Ebenso herrschte in den Sälen, in denen
ich zu sprechen hatte, mitunter ein so extremer Wärme=
grad, daß ich, gegen eine Ohnmacht kämpfend, meinen
Vortrag nur mit stärkster physischer Anspannung zu
Ende führen konnte. Man steht vor einem Rätsel,
wenn man sich fragt, wie dieses sportliebende, durch
Bewegung im Freien und durch den schroffen Klima=
wechsel seines Landes abgehärtete Volk den ungesunden
und erschlaffenden Wirkungen einer solchen Backofenglut
sich aussetzen mag. Das merkwürdigste ist, daß die
Einheimischen den Mißstand zugeben, ja selbst unter
ihm zu leiden behaupten, aber bis jeßt nichts zu seiner

Beseitigung getan haben. Mit der rührenden Geduld, die den Amerikaner allen kleinen Beschwerden des Lebens gegenüber auszeichnet, nehmen sie die Sache als ein unabänderliches Fatum hin, dem nun einmal bei der Naturbeschaffenheit ihrer Heizanlagen nicht zu entrinnen sei. Und darum schwitzen sie voll Ergebung weiter.

Wenn man so immer wieder in Riesenorganisationen von vollkommenster und sinnreichster Zweckdienlichkeit mit Verwunderung gerade solche Mängel entdeckt, die mit ganz geringer Mühe zu vermeiden wären, so wird man schließlich auf einen eigentümlichen Widerspruch des Nationalcharakters geführt. Der Amerikaner ist nur in großen Dingen praktisch; in kleinen ist er es durchaus nicht immer. Sein jederzeit auf das Ganze, das Weite gerichteter Blick läßt ihn Einzelheiten übersehen, die unseren mehr auf das Detail eingestellten Augen handgreiflich scheinen. Weil es seine Tugend ist, keinen Sinn für Kleinlichkeiten zu besitzen, darum ist es der Fehler seiner Tugend, daß ihm auch der Sinn für Kleinigkeiten abgeht. Das Leben malt sich ihm in Fresko, nicht in Miniatur, und wenn die Straße, die er zu wandeln hat, nur geradlinig zum Ziele führt, dann stolpert er ohne Murren über die Löcher in ihrem Pflaster.

———

Das amerikanische Deutschtum

Wer in Amerika Vorträge in deutscher Sprache hält, der kommt natürlich zunächst mit jenen Kreisen des amerikanischen Publikums in Berührung, die Deutsch verstehen, und das sind vorwiegend, wenn auch keineswegs ausschließlich, die Deutsch-Amerikaner. Sie, denen die Vermittlung zwischen ihrem alten und ihrem neuen Vaterland nicht nur eine Kulturaufgabe, sondern ein unmittelbares Herzensbedürfnis bedeutet, erblicken in jedem Sendboten aus der Heimat einen ersehnten Bundesgenossen in dem stillen und stetigen Kampfe, in den ihre Doppeleigenschaft sie verstrickt. Sie sind treue Bürger des Landes ihrer Wahl, und doch hängen sie als weit entfernte Söhne mit vertiefter Zärtlichkeit an ihrer Mutter: der deutschen Bildung. Sie sind umklungen von einer fremden Sprache, und doch wollen und können sie nicht aufhören, in deutschen Worten zu reden und zu denken. Und wie es innerhalb einer Familie zu gehen pflegt, wenn ein einzelner Sproß weitab von den anderen seinen Herd gegründet hat: die daheim beisammen Gebliebenen haben weniger oft Anlaß, in ihren Gedanken bei ihm zu verweilen als er bei ihnen, und er begrüßt jedes Liebeszeichen, das sie ihm senden, jeden Besuch,

den eines ihrer Mitglieder ihm abstattet, mit einer In=
brunst, deren die in ursprünglicher Gemeinschaft Lebenden
gar nicht fähig sind — so verhält es sich auch mit dem
getrennten Zweig einer großen Volksfamilie. Nur wenn
man die Deutsch=Amerikaner unter diesem Gesichtspunkt
betrachtet, kann man sie verstehen; nur dann begreift
man, warum in ihrem Kalender Festtag ist, wenn ein
Gast von drüben erscheint und ihnen von der Mutter
erzählt. Viele Tausende von ihnen waren meine Zu=
hörer, darunter solche, die zu diesem Zwecke von kleineren
Orten oder von ihren einsamen Farmen her stundenweit
gereist waren. Viele Hunderte von ihnen habe ich per=
sönlich kennen gelernt, darunter manch einen, den sie
selbst zu ihren Besten rechnen. In dem buntfarbigen
Licht verschiedenster Individualitäten habe ich ihr ein=
heitliches Wesen und Wollen erschaut; ich habe ihr
Fühlen mitgefühlt; ich habe die unsäglichen Schwierig=
keiten ihrer Lage überblickt und die freudige Tapferkeit
bewundert, mit der sie ihnen zu trotzen wissen. Es ist
bequem, vom hohen Roß neuer deutscher Reichsherrlich=
keit herab über sie zu urteilen, aber es ist nicht gerecht.

Nach den neuesten Feststellungen beläuft sich die Zahl
der in den Vereinigten Staaten lebenden Deutschen —
die in Deutschland geborenen und die von deutschen
Eltern abstammenden zusammengenommen — auf zwölf
Millionen, das heißt auf mehr als ein Siebentel der
gesamten Bevölkerung. In Newyork wohnen kaum
weniger Deutsche als in Hamburg, in Chicago mehr
als in München, in Philadelphia ebensoviele wie in
Bremen. In Städten wie Cincinnati, St. Louis, Buffalo,
Cleveland, Detroit, Indianapolis bildet das deutsche

Element einen ansehnlichen Bruchteil, in Milwaukee
sogar zwei Drittel der Einwohnerschaft.

Die gewaltige Summe schrumpft selbstverständlich
um ein merkliches zusammen, sobald man alle diejenigen
von ihr abzieht, die alsbald nach der Einwanderung
oder doch in den folgenden Generationen ihr Deutschtum
abgestreift haben, indem sie sich anglisierten. Die nach
dieser Subtraktion übrigbleibenden allein können als
Deutsch=Amerikaner im eigentlichen Sinn bezeichnet wer=
den. Sie allein stehen vor dem schweren Dilemma, dem
die anderen gleichmütig ausgewichen sind. Man kann
wohl ganz im allgemeinen sagen, daß in fremdem Volks=
tum aufzugehen, immer und überall den Halbgebildeten
am leichtesten fällt. Denn die Gebildeten besitzen von
der heimischen Kultur zu viel, um kampflos auf sie zu
verzichten, und die Ungebildeten besitzen von ihr zu wenig,
um sich mühelos eine neue aneignen zu können. So
verhält es sich auch hier. Den festen Kern des ameri=
kanischen Deutschtums bilden die deutschen Bauern, die
in Pennsylvanien schon seit zwei Jahrhunderten auf ihrer
Scholle sitzen, und die Familien jener Geistesaristokraten,
die um das Jahr 1848 herum ihrer politischen Ideale
wegen über den Ozean pilgerten.

Niemand kann sein heimatliches Volkstum bewahren,
wenn er seine heimatliche Sprache aufgibt. Beide sind
so gut wie identisch. Darum spielt ja auch in allen
europäischen Nationalitätskonflikten das Sprachenproblem
eine weit wichtigere Rolle als das Rassenproblem. Wer
würde heute den Ursprung der deutschen Reichsbürger,
die wenige Generationen aufwärts von französischen Emi=
granten stammen, erraten, wenn sie nicht französisch

klingende Namen trügen? Germanisieren heißt so viel
wie Deutsch reden machen, und Deutsch reden heißt so
viel wie deutsch bleiben.

Man bedenke also, daß die Deutsch-Amerikaner einen
wesentlichen Teil ihrer Kraft für die Erhaltung eines
Gutes verausgaben müssen, um dessen Besitz wir daheim
uns ebensowenig zu sorgen haben wie um Luft und
Licht. Denn wenn sie die Sprache ihrer Väter, die
Sprache von Luther und Kant, von Goethe und Schiller
sich bewahren wollen, so handelt es sich nicht um eine
einmalige Entscheidung. Es handelt sich um ein fort-
gesetztes Ringen, das jeden Tag und jede Stunde ausfüllt. Nicht gegen äußeren Druck oder Zwang brauchen
sie sich zu wehren, wie etwa die Deutschen in Sieben-
bürgen oder gar die Finnen in Rußland; eine gewalt-
same Anglisierungspolitik hat trotz dem chauvinistischen
Geschrei einzelner Heißsporne in den Vereinigten Staaten
keinen Boden. Nein, sie haben nur zu kämpfen mit der
Macht der Verhältnisse. Man vergegenwärtige sich die
Größe dieser Macht, um den Heroismus des Kampfes
zu würdigen.

Als unangefochtene und unanfechtbare Landessprache
herrscht das Englische; im täglichen Leben wie im amt-
lichen und geschäftlichen Verkehr ist es das unentbehr-
liche Verständigungsmittel. Niemand ist im stande, nur
auf der Straße sich durchzuhelfen, geschweige eine Berufstätigkeit auszuüben, wenn er nicht Englisch versteht
und spricht. Versäumt er, es systematisch zu erlernen,
so fliegt es ihm an. Er lernt es durch das Ohr, wie
die kleinen Kinder. Neben seine Muttersprache, die
ihm teuer, tritt eine zweite, die ihm notwendig ist; in

diesem Falle noch dazu keine minderwertige, sondern eine
ebenbürtige. Eine alte Kultursprache, gleichfalls ger=
manischen Ursprungs; eine Weltsprache, deren Verbrei=
tung auf dem Erdenball die der deutschen weit hinter
sich läßt. Ohne daß er sich Rechenschaft darüber gibt,
wird er in ihren Bannkreis gezogen, auch wenn er erst
als Erwachsener die Heimat verließ; um wieviel mehr,
wenn er als Kind herüberkam oder gar im Lande ge=
boren wurde. Ob auch die Eltern Deutsch mit ihm
reden, die Nachbarskinder, die Gespielen, die Schul=
kameraden sprechen Englisch. Jeder von uns weiß aus
seiner Jugendzeit, daß es für einen Schulbuben nichts
Peinlicheres gibt, als wenn er den Ton seiner Gefährten
nicht trifft; trotz allen häuslichen Gegengewichten nimmt
er ihre Ausdrucksweise an. Diesen Widerstreit zwischen
Haus und Schule empfindet der junge Deutsch=Amerikaner
in hundertfach verstärktem Maße, und wer will es ihm
verdenken, wenn er sich für die Schule entscheidet? Es
gibt zwar in einer Reihe von Städten der Union deutsche
Schulen, aber ihr Einfluß war nie sehr weitreichend und
hat sich noch abgeschwächt, seitdem in fast allen höheren
Schulen des Landes Deutsch gelehrt wird. Der Mehr=
zahl der deutsch=amerikanischen Schüler wird also deutscher
Unterricht in englischer Sprache erteilt! Sie lernen ihre
Muttersprache, wie wir Französisch und Englisch lernen;
kein Wunder, wenn sie ihnen an die zweite Stelle tritt.
Tut sie es dennoch nicht, so müssen sie zweisprachig durchs
Leben gehen. Wie selten macht man sich klar, was das
bedeutet!

Es ist kein großes Kunststück, mehrere Sprachen bis
zu einem gewissen Grade zu kennen und bei Gelegenheit

zu sprechen. Aber hier liegt der Fall anders. Der
Deutsch=Amerikaner hat zwei Umgangssprachen, zwischen
denen er unausgesetzt von früh bis spät hin und her
pendelt, und zwar schließlich nicht nur in seiner Rede,
sondern auch in seinen Gedanken. Doppelsprachigkeit in
diesem Sinne kann gewiß nicht als ein wünschenswerter
Zustand betrachtet werden, zumal sie offenbar der Organi=
sation des menschlichen Gehirns widerstrebt. Daß es so
gut wie unmöglich ist, ihren idealen Grad zu erreichen,
das heißt zwei Sprachen gleichzeitig mit gleicher Sicherheit
und Umfassung bis in ihre letzten Feinheiten hinein zu
beherrschen, diese Behauptung, die ich in einem meiner
Vorträge aufstellte, wurde mir von meinen deutsch=ameri=
kanischen Zuhörern aufs lebhafteste bestätigt. Ebenso
die weitere, daß, wer eine fremde Sprache nach lang=
jähriger Übung sich vollkommen angeeignet hat, die
Sattelfestigkeit in seiner eigenen einzubüßen beginnt.
Die Beispiele vom Gegenteil gehören zu den seltensten
Ausnahmen und setzen eine ungewöhnliche Begabung
voraus. In der Regel wird die Folge der fortgesetzten
Zweisprachigkeit eine unbewußte Vermengung sein, die,
je nach Bildungsstufe und Selbstkontrolle, gelindere oder
gröbere Formen annimmt. Den gelinderen kann über=
haupt niemand sich entziehen. Man entdeckt sie bei jedem
Schriftsteller, der längere Zeit im Auslande zubringt;
allerlei Eigentümlichkeiten der Sprache, die ihn dort um=
gibt, schleichen sich in seinen Stil. Man entdeckt sie an
sich selbst, wenn man nur ein paar Wochen auf fremdem
Sprachgebiete weilt. Ganz unwillkürlich fängt man an,
mit Ausdrücken, die man so und so oft am Tage hört
und anwendet, auch im Verkehr mit Landsleuten seine

Rede zu spicken. Mir ging es in Amerika nicht besser; gar bald ertappte ich mich darauf, daß ich meine deutschen Freunde nach dem „Porter" statt nach dem Träger, nach der „Car" statt nach der Straßenbahn fragte. In den gröberen und gröbsten Formen aber artet diese unvermeidliche Erscheinung zu einem haarsträubenden Mischmasch aus, einem barbarischen Konglomerat, aus beiden Idiomen zusammengebacken.

Es gehört eine strenge Zucht für den Deutsch-Amerikaner dazu, um sich vor dieser „gemixten" Sprache, wie man sie bezeichnenderweise nennt, zu schützen, und in einzelnen Wendungen fällt er ihr zu guter Letzt doch anheim. So zum Beispiel vernimmt man auch von Gebildeten häufig: „Ich gleiche es" als Übersetzung von „I like it, es gefällt mir." Wiederholt wurde die Frage an mich gerichtet: „Gleichen Sie Amerika?" Ein paar drastischere Proben der eigentlichen „Mixerei", frischweg aus dem Leben gegriffen, habe ich mir notiert: „Es amounted nicht so viel" (to amount, betragen, sich belaufen). „Goldene Watschen" (watch, Taschenuhr). „Ich habe kalt gekätscht" (to catch cold, sich erkälten), oder gar: „Ich habe einen kalten gefangen." Wörtlicher Ausspruch eines Deutschen in Columbus, Ohio: „Dann sind wir in die Bar 'gange und habe die Deisbax (dice box, Würfelbecher) g'nomme und habe für die Drinks geschähkt (to shake, schütteln, würfeln), und er hat mich gebiet'" (to beat, schlagen). Aus der Predigt eines deutsch-amerikanischen Pfarrers: „Man könnte noch mehr schwätzen von der Gnade des Herrn, wenn's die Lungen nur ständen täten" (to stand, aushalten). Ferner die Auskunft, die der Diener eines deutschen

Universitätslehrers einem Besucher gab: „Der Herr
Professor ist heute ganz besonders bissig (busy, beschäftigt)
und konnte nicht länger stehn" (to stay, bleiben, warten).
Einer ähnlichen Ausdrucksweise lassen die deutsch=ameri=
kanischen Zeitungen regelmäßig eine stehende Figur sich
bedienen, die in der Sonntagsnummer für die paro=
distische Erheiterung der Leser zu sorgen hat.

Unter den Landleuten Pennsylvaniens hat sich diese
gemixte Sprache im Laufe der Generationen zu einem
förmlichen Dialekt entwickelt: englische und deutsche
Brocken in einen Topf geworfen und zu einem unlöslichen
Brei verrührt. Soll man's für möglich halten, daß einer
solchen Mundart sogar ein Dichter erstanden ist: der
Humorist Charles Godefroy Leland, von dessen unter
dem Pseudonym Hans Breitmann erschienenen Versen
ich allerdings nach einigen vergeblichen Entzifferungsver=
suchen mich schaudernd abwandte. Wer die sogenannte
makkaronische Poesie des Mittelalters kennt, jene gewalt=
same Verquickung von lateinischen und deutschen Worten
und Endungen, der findet hier ihr modernes Gegenstück,
nur daß es sich nicht um eine gelehrte Spielerei, sondern
um eine lebendige Volkssprache handelt. Wenn dieser
linguistische Bastard zu Gunsten eines reinen Englisch
verschwände, so könnte das kaum mehr als ein Verlust
des Deutschtums aufgefaßt werden.

Nach alldem wird man den Aufwand an geistiger
Energie wohl ermessen können, den es die gebildeten
Deutsch=Amerikaner kostet, in Wort und Schrift nicht nur
ihre Muttersprache an sich, sondern auch deren Lauterkeit
zu hüten. Und wenn dies mühsame Werk verhältnismäßig
vielen gelingt, so wird man ihnen staunende Anerkennung

zollen müssen. Ein wenig wird es ihnen dadurch erleich=
tert, daß sie eine methodische Scheidung vornehmen.
Wie ihr Geschäft und ihr Wohnhaus in zwei getrennten
Vierteln liegen, so trennen sie auch die Geschäftssprache und
die Haussprache: jene ist nur englisch, diese nur deutsch.

Trotzdem würden sie auf die Dauer unterliegen ohne
den mächtigen Beistand des Schrifttums. In diesem
Zusammenhang bedarf es wahrlich keiner ausführlichen
Erörterung, was die deutsche Literatur dem Deutsch=
Amerikaner bedeutet. Mehr, weit mehr als ihren enthu=
siastischsten Verehrern daheim. Nicht nur künstlerischen
Genuß holt er sich aus der heimatlichen Dichtung; wie
in ein tägliches Stahlbad taucht er in sie hinab, um sich
in ihr zu stärken. Unsere Klassiker sind die Anker, durch
die seines Geistes Boot mitten in den Wogen einer
andersartigen Kultur zuverlässigen Halt gewinnt. Er
liest mit Feuereifer deutsche Bücher, wenn auch nicht
immer die besten und nicht immer die neuesten. Mancher
Name, den die Mode bei uns auf den Schild gehoben,
klingt seinem Ohre fremd; den einmal erkorenen Lieb=
lingen aber huldigt er mit umso treuerer Anhänglich=
keit. Nach den entlegenen Farmen trägt wenigstens die
„Gartenlaube" einen sanften Hauch vaterländischen Geistes=
lebens. In den Städten beobachtet man nicht ohne
Rührung, wie sogar schlichte Menschen der Arbeit ums
tägliche Brot die Muße zu literarischen Interessen und
Studien abringen. Der Oberkellner, der mich in einem
westlichen Hotel bediente, schreibt nebenher, wie er mir
später in einem temperamentvollen Briefe mitteilte,
polemische Artikel. In dem Fahrstuhlführer des deut=
schen Klubs zu Newyork lernte ich einen begeisterten

Freund philosophischer Schriften kennen. Ich fand ihn
bei der Lektüre von Leibniz und empfahl ihm Schopen=
hauer. Nach wenigen Tagen hatte er den zweiten Band
der „Welt als Wille und Vorstellung" durchgelesen, und
zwar, wie mich ein Gespräch überzeugte, mit eindringen=
dem Verständnis. Während er mich aufwärts und ab=
wärts fuhr, diskutierten wir über das Kausalitätsgesetz
und über die Idealität von Raum und Zeit.

Den Rückhalt, den das deutsche Buch doch immer
nur den Gebildeten und den Bildungsdurstigen gewähren
kann, verschafft weiteren und weitesten Kreisen die in
deutscher Sprache erscheinende Zeitung. Schier unüber=
sehbar ist die Zahl der deutschen Tagesblätter und Zeit=
schriften, die innerhalb der Vereinigten Staaten gedruckt
werden. Es gibt darunter Organe, die nach Inhalt
und Schreibart hinter den Leistungen unserer heimischen
Presse durchaus nicht zurückbleiben, so, um nur einige
der hervorragendsten zu nennen, die „Newyorker Staats=
zeitung", das „Volksblatt" von Cincinnati, die „West=
liche Post" von St. Louis, die „Germania" von Mil=
waukee, die „Illinois Staatszeitung" von Chicago. In
dem Kampf um die Erhaltung der Sprache ist der
deutsch=amerikanische Journalist der Bannerträger; die
hohe Mission, als deren Vertreter er sich fühlt, gibt ihm
Mut und Schwung, verleiht ihm auch unter erschweren=
den Bedingungen die Freudigkeit des Ausharrens. Will
man deutschen Idealismus in einer seiner liebenswür=
digsten Erscheinungsformen erblicken, so muß man in
Amerika deutsche Redaktionsstuben besuchen.

Gewiß, die Sache hat auch ihre Kehrseite. In den
kleineren Blättern des Westens wird manchmal bedenk=

lich „gemixt", und die kleinsten werden fast ganz mit
der Schere gemacht. Einzelne großstädtische Zeitungs=
verlage versenden an diese sogar gleich die fertigen
Stereotypplatten, so daß ihnen nicht nur die schrift=
stellerische Arbeit, sondern auch der Satz erspart wird.
Vor allem aber wird, nicht nur von den kleinsten, die
Produktion der alten Heimat zu fröhlichem Raubbau
ausgenützt. Die skrupellose Plünderung deutschen lite=
rarischen Eigentums, der eine lückenhafte Gesetzgebung
noch immer Vorschub leistet, steht bei ihnen nach wie
vor in Blüte. Erwägt man die Wichtigkeit ihrer Auf=
gabe und die Mühe, mit der sich viele von ihnen knapp
über Wasser halten, so kann man nicht umhin, ihrem
Langfingertum mildernde Umstände zu bewilligen. Aber
Diebstahl bleibt Diebstahl, und dem beliebten Argument,
die Mehrheit der deutsch=amerikanischen Blätter müsse
in dem Augenblick eingehen, wo sie verpflichtet sei,
Honorare über den Ozean zu senden, läßt sich das nicht
minder schlagende entgegenhalten, daß die Mehrheit der
deutschen Schriftsteller im Vaterlande auch nicht auf
Rosen gebettet ist. Diese haben ein unbestreitbares Recht
zu der Forderung, daß ihre geistige Arbeit auf dem
ausländischen Markte ebenso geschützt werde wie jedes
andere Arbeitserzeugnis, und darum müssen sie die Ver=
besserung des amerikanischen Copyright verlangen. Das
ist ein Ziel, welches auch der während meiner Anwesen=
heit gegründete „Verband deutscher Schriftsteller in
Amerika" auf sein Programm gesetzt hat, und gegen=
wärtig finden bereits, wie ich unter der Hand erfuhr,
an der entscheidenden Stelle in Washington Erwägungen
statt, die einen baldigen Schritt nach vorwärts erhoffen

lassen. Ich meine übrigens, daß auch nach Einführung eines ausreichenden Rechtsschutzes die kleinen deutsch-amerikanischen Blätter nicht zu verzweifeln brauchen. Auch ohne zu stibitzen, werden sie kostenlose Beiträge bekommen können; sie haben nur nötig, unter Hinweis auf ihre Notlage und auf ihre Bedeutung im kulturellen Vorpostendienst an die Wohltätigkeit der vormals Beraubten zu appellieren. Ein Aufruf mit der Bitte um Überlassung von in Deutschland bereits gedruckten Arbeiten zu freiem Nachdruck würde sicherlich bei einer großen Zahl deutscher Autoren nicht ungehört verhallen.

Nicht zu vergessen, es gibt auch eine deutsch-amerikanische Literatur von respektgebietendem Umfang. Aber so viele schöne Talente sie, namentlich in der Lyrik, aufzuweisen hat (unter den jüngsten erwähne ich nur Konrad Nies und den hochbegabten Georg Sylvester Viereck), der Dichter, der dem besonderen Wesen des Deutsch-Amerikanertums einen besonderen Ausdruck verleiht und damit, einen neuen Ton bereits vorhandenen hinzufügend, in die große deutsche Literaturgeschichte eingeht, läßt noch auf sich warten. Dafür schießt der Dilettantismus umso üppiger ins Kraut. Unter zehn geistig regsamen Deutschen Amerikas sind gut und gerne neun der lieblichen Gewohnheit des Reimens verfallen. Auch das erklärt sich aus ihrer Situation. Denn überall da, wo die Sprache sich in einem Verteidigungszustand befindet, liegt es nahe, sie durch Verse zu verschanzen.

Einen nicht zu unterschätzenden Stützpunkt findet das Deutschtum schließlich noch an den deutschen Theatern. In den Städten, wo sie fehlen oder nur ab und zu gastieren kommen, suchen wenigstens dramatische Vereine

das Bedürfnis nach heimatlicher Szenenkunst zu stillen.
Ständiger deutscher Bühnen erfreuen sich Newyork, Mil=
waukee, Cincinnati, St. Louis, St. Paul, ja sogar das
kleine, kaum 40 000 Einwohner zählende Davenport, das
wegen seiner zum erheblichen Teil aus Holstein und
Mecklenburg stammenden Bevölkerung sich selbstbewußt
„Plattdeutsch=Athen" benennt. Das deutsche Theater zu
Newyork, seid vielen Jahren unter Conrieds energischer
Führung, steht natürlich an erster Stelle; es spielt all=
abendlich, und sein Personal setzt sich aus namhaften
Künstlern und berühmten Gästen zusammen. Einen kaum
geringeren Rang, wenn auch mit etwas bescheideneren
Mitteln arbeitend, beansprucht die von Direktor Wachsner
sorgfältig geleitete Bühne zu Milwaukee, die regelmäßig
jeden Sonntag Gastvorstellungen in Chicago gibt. Als
dritte im Bunde darf die Bühne von Cincinnati gelten,
die, gegenwärtig unter Direktor Schmids frischem Kom=
mando stehend, sich auf einen einzigen Spielabend in der
Woche beschränkt. Diese drei Theater boten mir liebens=
würdigerweise Gelegenheit, verschiedentlichen Auffüh=
rungen meiner eigenen Stücke beizuwohnen. Hätte ich
die Wahl gehabt, so hätte ich Stücke von anderen vor=
gezogen; denn auf Reisen will man doch gern möglichst
viel Neues kennen lernen, und meine Stücke kannte ich
bereits. Aber für das deutsch=amerikanische Publikum
war die Anwesenheit eines Autors eine Novität, und
für mich war es eine Novität, zu erfahren, wie der Ge=
danke von der Erhaltung der deutschen Kultur auch diese
Bühnen durchdringt und beseelt, bei Darstellern und
Zuschauern eine erhöhte Stimmung weckend. Von den
künstlerischen Leistungen war ich aufs angenehmste über=

rascht; ich habe auf manchen ersten Theatern des lieben
Vaterlandes schon schwächere Vorstellungen gesehen.

Und noch eine Kunst übt man da drüben mit ge=
steigertem Gefühl; eine Kunst, die zwar nicht zu den
sieben freien Künsten zählt, dafür aber ein ausgesprochen
nationales Gepräge hat und in ihrer Sonderart von
anderen Völkern nicht nachgeahmt werden kann: die
Kunst der deutschen Geselligkeit. Deutsches Vereinsleben
— man mag darüber spötteln, so viel man will; aber
wie viel Eigenbrötelei hat es in Gemeinsinn umgewan=
delt; wie viel gute Vätertradition hat es lebendig er=
halten; wie vielen hohen Ideen, die kein offizielles Ob=
dach besaßen, war es Pflanzstätte und Zufluchtsort!
Mag es bei uns daheim allzuhäufig in Philistertum und
Biergemütlichkeit versinken, weil solche Ideen ihm mangeln
oder abhanden gekommen sind, in Amerika wird es durch
die alles beherrschende Idee, deutsches Wort und Wesen
nicht verloren gehen zu lassen, geadelt.

Es ist erstaunlich, welche Opferwilligkeit entfaltet
wird, um dieser Gemeinsamkeit auch äußerlich würdige
Bedingungen zu schaffen. In zahlreichen Städten be=
steht ein deutsches Klubhaus, das ebenso dem einzelnen
Besucher behagliche Räume darbietet wie größeren Zu=
sammenkünften und Festlichkeiten schöne, oft glänzende
Lokalitäten zur Verfügung stellt. Manche bedeutende
Stadt im Vaterlande besitzt kein Versammlungsgebäude
von der Ausdehnung und Ausstattung des Deutschen
Hauses in Indianapolis. Der Palast des Germania=
klubs in Chicago enthält eine Flucht von Sälen, wie
sie nach meiner Kenntnis weder in Berlin noch in Wien
einer geselligen Vereinigung ausschließlich für ihre Zwecke

zu Gebote steht. In der Turnhalle der deutschen Turn=
gemeinde, ebenfalls in Chicago, konnte ich vor einem
Auditorium von zweitausend Köpfen sprechen. Ja selbst
in „Plattdeutsch=Athen" haben sich die Turner ein eigenes
Heim errichtet, das sich sehen lassen darf. Neben die
geselligen Freuden und die Turnerei tritt überall die
Pflege des Männergesanges; das deutsche Lied steigt
aus kräftigen Kehlen empor, die hinterher das deutsche
Bier befeuchtet. Ist man aber einmal beim Kommers
versammelt zu löblichem Tun, dann sprudelt, ganz wie
bei uns, die Redeflut uneingedämmt hervor.

Nein, nicht ganz wie bei uns. Auch die freie Rede
hat ja für den Deutsch=Amerikaner noch die Neben=
bedeutung, die Muttersprache durch stetige Übung sich
und den Seinen zu bewahren. Es ist ein geistiges
Turnen, das er betreibt, wenn er sich feierlich erhebt,
um in wohlgesetzten Worten seine Gedanken und Emp=
findungen freien Lauf zu lassen. Er begnügt sich nicht
damit, die Gesundheit bestimmter Personen auszubringen;
zum Trinkspruch gesellt er noch die Tischrede. Man
wird zunächst seltsam berührt, wenn an festlicher Tafel
eine Reihe von allgemeinen Gegenständen behandelt wird
in Form von kurzen Vorträgen, teilweise sorglich vor=
bereitet und ausgefeilt, zuweilen sogar vom Manuskript
abgelesen. Die Themata werden von dem „Toastmeister"
angekündigt; sie lauten etwa: „Das deutsche Lied" oder
„Geistige Wechselbeziehungen zwischen Deutschland und
Amerika" oder „Die moderne Literatur". Hat man sich
aber in das Ungewohnte dieses Brauches hineingefunden,
so überzeugt man sich, daß er nicht platter Schön=
geisterei entspringt, sondern aus den tiefsten Wurzeln

der deutsch = amerikanischen Seele organisch erwachsen mußte. Sind auch die Gedanken wahrlich nicht immer neu, die Empfindungen sind immer echt.

Der Kern dieser Empfindungen scheint mir getroffen in einem Satz, den die „Westliche Post" in St. Louis während meiner Anwesenheit schrieb. „Was uns Deutsche in Amerika, die wir die politische Zugehörigkeit zur alten Heimat abgeschworen, dennoch unauflöslich mit jener verknüpft, das ist das reiche und kostbare geistige Erbteil. . . ." Es verknüpft sie aber auch zugleich mit= einander; indem sie das Erbteil gemeinsam bewachen und beschirmen, webt sich zwischen ihnen ein Band innerer Zusammengehörigkeit. Eindringlicher als uns klingt ihnen Fausts Mahnwort ins Herz: „Was du ererbt von deinen Vätern hast, erwirb es, um es zu besitzen." Denn solches Erwerben zu solchem Besitz üben sie not= gedrungen jeglichen Tag. Sie dürfen den goldenen Hort nicht in der Truhe liegen lassen; sie müssen fortgesetzt daran scheuern, um den fressenden Rost von ihm fern= zuhalten. Darum bleibt sein Wert ihnen allezeit gegen= wärtig; darum werden sie, bewußt oder unbewußt, zu den höheren Gütern geführt, die dieser Hort — ihre heimische Sprache — in sich schließt. Um deutsch zu bleiben, müssen sie sich vergeistigen.

*   *   *

Man würde die Deutsch=Amerikaner gründlich ver= kennen, wenn man annähme, durch den Akzent, den sie auf ihr Deutschtum legen, käme ihr Amerikanertum zu kurz. Nichts liegt ihnen ferner, als einen Staat im Staate bilden zu wollen oder gar im politischen Sinne

sich noch ebenso an die alte Heimat gebunden zu fühlen
wie im kulturellen. Für einen Aufsatz „Die Deutschen
in Amerika", den Herbert N. Casson in „Munseys
Magazine", einer vielgelesenen Monatsschrift (Märzheft
1906), veröffentlichte, hat Herman Ridder, der Heraus=
geber der „Newyorker Staatszeitung", das Glaubens=
bekenntnis seiner Stammesgenossen folgendermaßen zu=
sammengefaßt: „Es versteht sich von selbst, daß die
Deutschen ihr Vaterland lieben; aber sie lieben auch das
Land ihrer Wahl, und ihre ganze Treue gehört diesem
Lande, in dem sie sich niedergelassen und ihren Haus=
stand begründet haben, und auf das für immer ihre
und ihrer Kinder sämtliche Interessen sich vereinigen.
Ich glaube nicht, daß jemals ein Konflikt zwischen Amerika
und Deutschland entstehen könnte; aber es kann keine
Frage sein, daß die Deutsch=Amerikaner und die Ameri=
kaner von deutscher Abkunft der amerikanischen Fahne
folgen werden, wohin auch immer sie führt." In Be=
zug auf diese Sätze gibt es drüben keine Meinungs=
verschiedenheit. Es ist wie in der Ehe. Ein rechter
Mann weiß die Liebe zu seiner Lebensgefährtin mit der
Liebe zu seinen Blutsverwandten sehr wohl zu verbinden;
aber im Falle eines Zwistes wird er auf die Seite der
Erkorenen treten. Die Erkorene ist für den Deutsch=
Amerikaner Amerika.

Man vermute nicht etwa, daß er in dieser Treue
nur eine Pflichterfüllung sieht, wie auch ein ernüchterter
Ehemann sie aus Anstand zu üben fortfährt. Nein, die
Erkorene bleibt ihm die Geliebte; seine leidenschaftliche
Neigung zu ihr wächst, je länger er mit ihr verheiratet
ist. Das große Staatswesen, dem er sich angeschlossen

hat, entzündet gar bald in ihm jenen Patriotismus, der nicht auf Tradition, sondern auf persönlicher Dankbarkeit, persönlicher Hingabe beruht. Das stürmische Tempo der Aufwärtsbewegung reißt ihn mit; das erweiterte Betätigungsfeld, das seiner Bahn keine natürlichen und keine künstlichen Schranken setzt, beflügelt ihn. Über ihn kommt jene „Lust zu leben", die den Menschen durchströmt, wenn er mitten inne steht im Lenz einer nationalen Entwicklung; jene Lebenslust, die in einem bei uns ungeahnten Grade dort schon mit der Luft eingesogen zu werden scheint.

Die Deutsch=Amerikaner fühlen sich wohl; und zwar nicht nur diejenigen unter ihnen, die ihr Schäfchen ins trockene gebracht haben. Auch in jenen, die von den erträumten goldenen Bergen vorderhand noch nichts zu sehen bekamen, überwiegt die Hoffnungsfreudigkeit bei weitem die Enttäuschung. Die Frage, ob sie den Wunsch hegen, nach Deutschland zurückzukehren, wurde mir fast ausnahmslos verneint, auch von solchen, die in den bescheidensten Verhältnissen leben. Sie wurde mir verneint mit der stets gleichlautenden Motivierung, daß es ihnen nicht mehr möglich sein würde, sich in die Enge der heimischen Zustände zu finden. Als besonders bezeichnend klingt in mir eine Äußerung nach, die ich aus dem Munde eines angesehenen Universitätslehrers vernahm. „Ich könnte mir vorstellen," sagte er, „daß ich mich in Europa zur Ruhe setze; aber lehren und schaffen mag ich nur hier." Und doch — welch wunderlicher Widerspruch der Menschennatur — Heimweh haben sie alle.

Sehnt sich nicht auch der Reichgewordene, der seinen

weitläufigen Palast nicht um die Welt mehr preisgeben
möchte, nach dem niederen Stübchen zurück, in dem er,
wenn er nicht sehr vorsichtig war, mit dem Kopf an die
Decke stieß? Hier in dem Palast ist Bewegungsfreiheit
und Helligkeit und Behagen; dort in dem Stübchen aber
war Poesie. Ja, wäre sie auch in Wirklichkeit nicht
darinnen gewesen, so würde sie jetzt von seiner rück=
schauenden Phantasie hineingezaubert. Die engen Zu=
stände, denen die Deutsch=Amerikaner sich so völlig ent=
wachsen fühlen, ziehen sie doch wieder magisch an, nicht
als eine Realität, sondern als eine Illusion. Ihr Gemüt
idealisiert, was ihr Verstand verwirft. Sie können im
gleichen Atem von der alten Heimat mit verhimmelndem
Enthusiasmus und mit überlegener Satire reden. Sie
sehnen sich nach ihr, noch während sie über sie absprechen;
oder richtiger, sie sprechen über sie ab, um sich nicht
allzusehr nach ihr sehnen zu müssen. Denn Heimweh
haben sie alle.

Je länger sie im Lande wohnen, je mehr also zwischen
sie und ihre Geburtsstätte sich der verklärende Duft der
Entfernung legt, ein desto unwirklicheres Deutschland
malt sich ihrem inneren Auge, eine Fata Morgana, ein
schönes Märchen, dem sie den Namen Heimat geben, das
aber auf der Landkarte nicht aufzufinden ist. Mögen
sie noch so stolz sein auf die Machtentfaltung des neuen
Reiches und auf die gewichtige Stimme, die es im Rate
der Völker errungen hat, das Land, das sie mit der
Seele suchen, ist ein anderes: das alte, liebe, roman=
tische Deutschland der Dichter und Denker und Träumer.
Sieht man näher zu, so entdeckt man, daß, ebenso wie
dieses ihr Deutschland der Vergangenheit angehört, sie

selbst einen Typus darstellen, der daheim so gut wie ausgestorben ist. Das große Jahr, das bei ihrer Welt= anschauung Pate gestanden hat, heißt nicht 1870, son= dern 1848. So wie die Deutsch=Amerikaner heute sind, war der Deutsche vor Bismarck. Die Charakterwand= lung, die der eine Gewaltige seinem ganzen Volke auf= gezwungen, die haben sie nicht mitgemacht. Eine ältere Entwicklungsstufe des Deutschtums, die wir nur noch aus Büchern kennen, hat sich in ihnen lebendig erhalten, und vielleicht haben sie damit einiges bewahrt, was auch bei uns nicht hätte verloren gehen sollen und darum nicht nur einen Reliquienwert besitzt. Die Zeichen der Zeit sprechen wenigstens dafür, daß wir in etlichen Dingen dort wieder anknüpfen müssen, wo sie stehen geblieben sind. So viel ist jedenfalls gewiß, wer heute dem deutschen Michel begegnen will, wie er jahrhun= dertelang gewesen, jenem weichen, schwärmerischen, ab= und zu etwas weltfremden Idealisten, der muß nach Amerika gehen.

Kein Wunder daher, daß die Deutsch=Amerikaner als zu ihrem Schutzpatron noch immer zu Friedrich Schiller beten. Die Feier seines hundertsten Todestages in Deutschland hatte etwas Künstliches und verriet stellen= weise in ihren überlauten Ovationen das schlechte Ge= wissen der Ungetreuen, die eine lange Vernachlässigung durch reiche Opfergaben mit einem Male wettmachen wollen. In Amerika hat man diesen Gedenktag mit der gleichen lodernden Begeisterung gefeiert, mit der man in Deutschland den von 1859 beging. Schiller hat in den Vereinigten Staaten mehr Denkmäler als irgend ein anderer Ausländer, und wo ein solches fehlt, da plant

man dessen Errichtung. Steht man vor seinem Standbild im Lincolnpark zu Chicago, nahe dem Ufer des
Michigansees, dann empfindet man, was dieser Einzige
den Deutschen im Auslande ewig bedeuten wird, und
fühlt sich versucht, seinen Verkleinerern zuzurufen: „An
ihren Früchten sollt ihr sie erkennen."

Weit weniger gut als ihm ist es zwei anderen großen
Deutschen mit ihren amerikanischen Denkmälern ergangen:
dem großen Friedrich, Preußens genialem und vergöt-
tertem König, in Washington, und dem großen Heinrich,
Düsseldorfs genialem und verleugnetem Sohn, in Newyork. Man erinnert sich der tragikomischen Geschichte
des Heine-Monuments. Der schon bei Lebzeiten heimat-
lose Dichter sollte in dem Vaterlande, das er noch in
seinem ätzenden Spott inniger geliebt hat als ein ganzes
Schock heutiger Dutzendpatrioten in ihrem Hurra-
geschrei, auch nach seinem Tode keine Heimstätte finden.
Der Hertersche Loreleibrunnen, der schon einem Kom-
promiß seine Gestaltung verdankt, indem er am Sockel
der Lorelei den Kopf ihres Schöpfers nur in einem kleinen
Reliefbilde zeigt, mußte eine wahre Odyssee durchmachen,
bis endlich die Deutschen von Newyork ihm ein Asyl
anboten. Es gibt zwar allerlei Städte, zu denen Heine
nähere Beziehungen hat; aber immerhin, besser dort als
nirgends. So wenigstens sagt man sich, solange man
das Denkmal nicht gesehen hat. Nachdem man es aber
gesehen hat, sagt man sich: Besser nirgends als dort.

Das Asyl erweist sich nämlich als ein raffiniertes
Versteck. Keinem Besucher von Newyork, auch wenn er
die Stadt nach allen Richtungen durchstreift, wird es
jemals von selbst sich darbieten, und wer den ausge-

sprochenen Willen besitzt, es aufzusuchen, der beherzige
den von Baedeker bei schwierigeren Partien erteilten
Rat: Nicht ohne Führer. Ja sogar dann rechne er noch
nicht auf einen sicheren Erfolg. Der Herr, der meine
Führung freundlichst übernahm, hatte dem Denkmal=
komitee angehört und der Einweihungsfeier beigewohnt;
er war daher von der Überzeugung durchdrungen, den
entlegenen Ort genau zu kennen, und versprach, mich
per Automobil in gerader Linie hinzubefördern. Gesagt,
getan; wir fuhren mit voller Geschwindigkeit fast eine
Stunde lang; die Häuser wurden spärlicher, immer spär=
licher; schließlich waren wir auf freiem Felde angelangt.
Eine trostlose Gegend, wie sie jedes große Weichbild
umgürtelt: nicht mehr Stadt und noch nicht Land. „Hier
soll das Heine=Denkmal sein?" fragte ich mit gelindem
Schauder. Mein Führer versicherte mir, jetzt müßten
wir gleich hinkommen. Immer stiller und öder wurde
es ringsum; endlich begann es auch ihm unheimlich zu
werden. Wir machten kehrt, fuhren kreuz und quer,
wiederholten die Odyssee, die das Denkmal selbst zu be=
stehen hatte, im kleinen; Passanten, Kutscher, Polizisten
wurden konsultiert und gaben widerspruchsvolle Aus=
künfte. Der größte Teil des Vormittags war drauf=
gegangen, als wir zu guter Letzt das Ziel der Expedition
erreichten. Bei der 161. Straße, nicht mehr auf der
Insel Manhattan, sondern in einer Vorstadt jenseits des
Harlemflusses, in einem noch wenig bebauten Quartier,
fernab von allem menschlichen Verkehr — da steht wirk=
lich und wahrhaftig das Monument zum Gedächtnis des
deutschen Dichters Heinrich Heine.

Von einer hübschen kleinen Gartenanlage wird es

umgeben, die ihm einen anmutigen Rahmen schafft.
Gegen den Platz an sich ist nichts einzuwenden, als daß
er nicht ganz wo anders ist. Ein Denkmal, das seinem
Namen zum Trotz niemanden veranlaßt, an den Mann
zu denken, den es ehren soll; eine Erinnerungsstätte am
Gestade der Vergessenheit. Außer zwei wachestehenden
Schutzleuten war weit und breit kein lebendiges Wesen
zu erblicken. Fürwahr ein sonderbarer Heiliger, jener
Vandale oder Fanatiker, der vor Jahr und Tag diesen
unschädlich gemachten Dichterbrunnen verstümmelte! Oder
sollte er gar ein verkappter Heineverehrer gewesen sein
und hätte nur durch ein heroisches Mittel die Auf=
merksamkeit auf das verheimlichte Werk hinlenken wollen?
Man hat den Schaden inzwischen wieder ausgebessert;
aber da es dem armen Heine nun einmal bestimmt
scheint, auch im Tode der Pechvogel zu bleiben, der er
im Leben war, so ist infolge einer in der Nachbarschaft
ausgeführten Felssprengung eine Sockelfigur neuerdings
beschädigt worden. Die Lorelei blickt auf die verwun=
dete Rheinnixe melancholisch hinab und weiß nur zu
gut, was es bedeuten soll, daß sie so traurig ist. . . .

Welch drollige Ironie, daß der gewaltige Preußen=
könig, der von der deutschen Literatur so gering dachte,
da drüben das Los des verketzerten Poeten teilen muß!
Sein vom deutschen Kaiser den Vereinigten Staaten ge=
schenktes ehernes Standbild ist ebenfalls kaltgestellt. Der
Platz, den man ihm angewiesen hat, liegt am äußersten
Südzipfel von Washington, wo die Füchse sich gute Nacht
sagen, auf der Terrasse des noch im Bau befindlichen
Army War College. Der Weg führt durch das ärm=
lichste Viertel der Stadt, dann durch ein Stück Wüste,

endlich an einer Reihe von Kasernenbauten vorbei. Nie=
mand vom Zivil verirrt sich dorthin. Die unmittelbare
Umgebung soll nach Vollendung des großen Gebäudes
freundlicher werden; vorläufig sieht sie aus wie die Welt
vorm ersten Schöpfungstag. Das Standbild selbst wird
gegenwärtig noch von einem Bretterzaun umschlossen,
der eines Hühnerstalls würdig wäre. An dieser Stelle
kann das Danaergeschenk, das bekanntlich nur mit bitter=
süßer Miene angenommen wurde, der republikanischen
Volksgesinnung unmöglich ein Ärgernis bereiten. Un=
leugbar bekundet sich ein auf die Spitze getriebener poli=
tischer Doktrinarismus darin, daß die Amerikaner einen
Monarchen auch dann nicht verherrlicht sehen wollen,
wenn er noch außerdem ein großer Mann gewesen ist.
Aber wie, wenn sie den Spieß umgedreht hätten? Wie,
wenn sie als Gegengeschenk einen Washington oder
Lincoln nach Berlin gestiftet hätten? Es ist stark zu be=
zweifeln, daß dann der Freiheitsheld just vor dem Schloß
oder in der Siegesallee zur Aufstellung gelangt wäre.

Was leisten die Deutsch=Amerikaner in und für
Amerika? Diese Frage hat gerade in der letzten Zeit
sehr entgegengesetzte Beantwortungen erfahren. Nur in
einer Hinsicht herrscht Übereinstimmung; die außerordent=
lichen Verdienste, die sich der deutsche Farmer um den
amerikanischen Boden erworben hat, werden von allen
Seiten gebührend anerkannt. Im übrigen aber gehen
die Urteile auseinander, und zwar muß es vorweg pein=
lich auffallen, daß die günstigen meist aus dem Munde
von Anglo=Amerikanern und die ungünstigen meist aus
dem Munde von Reichsdeutschen stammen. In dem oben
erwähnten Aufsatz in „Munseys Magazine" hat Casson

seinen deutschen Mitbürgern ein Loblied gesungen; er
hat liebevoll untersucht, was alles die Vereinigten Staaten
ihrer Betätigung zu danken haben; er hat festgestellt,
daß sie namentlich auch in sämtlichen höheren Berufen
sich ausgezeichnet haben und noch auszeichnen. Er führt
an, daß nach einer sorgfältig zusammengebrachten Liste
unter den lebenden Deutsch=Amerikanern sich zweihundert=
unddreißig Träger berühmter Namen befinden. Und
zwar enthält diese Ehrentafel vierundvierzig Professoren,
vierzig Musiker, vierundzwanzig Großkaufleute, dreiund=
zwanzig Geistliche, neunzehn Mediziner, vierzehn Künstler,
zwölf Juristen, elf Politiker, zehn Techniker, neun Schrift=
steller und neun Journalisten. Der Löwenanteil fällt
also zwei Professionen zu, in denen Deutschlands Vor=
rang noch immer unbestritten ist: der Wissenschaft und
der Musik. Man gibt es in Amerika unumwunden zu,
daß man auf beiden Gebieten den heutigen Stand nicht
einnehmen würde, hätten hier nicht deutsches Vorbild
und deutsche Unterweisung bahnbrechend und zielzeigend
gewirkt. Was die Musik betrifft, so lasse ich Casson
das Wort: „Es ist durchaus keine Übertreibung, wenn
man sagt, daß die Sängerbünde mehr als irgend etwas
anderes dazu beigetragen haben, im amerikanischen Volk
die Liebe zur Vokalmusik auszubilden. Und hinsichtlich
der Instrumentalmusik ist es unser Gesamteindruck, daß
mindestens jeder dritte Musiker in unseren Orchestern
ein Deutscher ist. Die meisten der großen Sänger,
Instrumentalisten und Kapellmeister, die unser Land be=
suchen, sind Deutsche. Unsere leitende Musikkritik und
unsere ganze musikalische Atmosphäre sind zum über=
wiegenden Teile teutonisch."

In die Wirksamkeit deutscher Gelehrten und Lehrer
habe ich selbst erfreuliche Einblicke tun dürfen. In ver=
schiedenen höheren Schulen habe ich dem deutschen Unter=
richt beigewohnt und unter anderm aus Indianapolis
meinem verehrten Freunde Paul Heyse berichten können,
daß ich eine Klasse von etwa vierzehnjährigen Knaben
und Mädchen beschäftigt fand, seine Novelle „L'Arrab=
biata" zu lesen und ins Englische zu übersetzen. Meine
Besuche in zwei Musteranstalten, der von Direktor Em=
merich geleiteten Manual Training High School zu
Indianapolis und der deutsch=englischen Akademie zu
Milwaukee, die unter Direktor Griebschs Verwaltung als
eine der angesehensten rein deutschen Schulen des Landes
dasteht, werden mir unvergeßlich bleiben. Einen der
schönsten Abende habe ich im Kreise der deutschen Lehrer
höherer Schulen von Newyork verbracht. In den Uni=
versitätsstädten hat zwangloser Verkehr mir einen Be=
griff von der hohen und freien Auffassung gegeben, mit
der deutsche Professoren ihrem amerikanischen Lehramte
obliegen. Die Namen meiner Gastfreunde in Harvard,
des Literarhistorikers Kuno Francke und des Philosophen
Hugo Münsterberg, kennt und schätzt man auch bei uns;
man weiß, wieviel diese beiden Männer in Schrift und
Wort zur Förderung gegenseitigen Verständnisses bei=
getragen haben. In gleichem Geiste wie sie wirken die
Professoren Hohlfeld und Voß in Madison, Klaeber in
Minneapolis, Heller in St. Louis und viele andere.

Die stärkste Persönlichkeit, die dem Deutsch=Ameri=
kanertum bisher beschieden war, der herrliche Mann, zu
dem seine Stammesgenossen anderthalb Menschenalter
lang als zu ihrem geistigen Führer und schließlich als

zu ihrem ehrwürdigen Patriarchen emporblickten, ist nun
freilich heimgegangen: Karl Schurz. Er, der in seiner
Jugend einen deutschen Dichter aus Kerkermauern be=
freite und später um sein neues Vaterland als Krieger,
Staatsmann und politischer Reformator sich unvergäng=
liche Verdienste erwarb, schien eigens von der Natur
geschaffen, zwischen der Alten und der Neuen Welt eine
Brücke zu schlagen. Keiner hat so viel wie er dafür
getan, das Deutschtum drüben zu Ehren zu bringen,
eben weil er durch sein leuchtendes Beispiel zeigte, wie
man bei treuer Wahrung der ererbten Kultur ein großer
amerikanischer Patriot werden kann. Die fast unmög=
liche Aufgabe, zwei Sprachen mündlich und schriftlich
mit gleicher Vollkommenheit zu bewältigen, hat er durch
geniale Veranlagung und zähen Fleiß zu lösen gewußt.
Er blieb ein vortrefflicher deutscher Stilist, und von
amerikanischer Seite wurde ihm das Zeugnis ausge=
stellt, daß er ein klassisches Englisch sprach und schrieb.
Als eine besondere Schicksalsgunst muß ich es betrachten,
daß ich wenige Wochen vor seinem Scheiden noch die
Hand dieses teuren Mannes drücken und an seinem gast=
lichen Tische sitzen durfte. Der ungebrochenen Hünen=
gestalt mit dem aufrechten Denkerhaupt und den feurig
blitzenden Jünglingsaugen war es nicht anzusehen, daß
der Schnitter schon vor der Pforte stand. Ich mußte
ihm über meine Erfahrungen im Lande berichten und
wurde mit erwärmt von der warmen Freude, die jedes
günstige Urteil und jedes Eingeständnis froher Über=
raschungen in ihm wachrief. Wer diese strengen Züge
von einem gütigen Lächeln gemildert, diesen befehlenden
Blick von einer kindlichen Heiterkeit durchglänzt sah, der

konnte nicht zweifeln, daß auch der markige Mann der
Tat im Grunde seines Herzens ein echter deutscher Idealist
war, berufen, alles, was er anfaßte, zu veredeln. Wenn
man von Schiller zu Bismarck eine Linie zieht, so stand
er in der Mitte dieser Linie. Wäre er im Vaterland
geblieben, so wäre der Sprung vom einen zum andern
weniger schroff geworden. Er war der größte Verlust,
den die Folgen des Jahres 1848 dem heimischen Bestand an Mannheit zufügten.

Die zunehmende Achtung, die den Deutschen Amerikas
sowohl von den offiziellen Kreisen wie von der Volksstimme
in ihrem neuen Vaterlande gezollt wird, könnte ihnen
genügen, wenn sie ausschließlich Amerikaner sein wollten.
Aber wie ein guter Sohn, der es draußen in der Welt
zu etwas gebracht hat, vor allem wissen mag, was man
in seinem Vaterlande davon hält, und ob die Anhänglichkeit, die er für dieses hegt, dort auch für ihn noch
lebendig ist, so lauschen sie nach Deutschland hinüber,
begierig auf jedes Echo der Liebe und auf jeden Zuruf
des Beifalls oder der Ermutigung. Klingt ihnen aber
statt dessen kalter, abweisender Tadel entgegen, dann geht
es ihnen wie jedem, der seine Zuneigung nicht erwidert
sieht: entweder er wird abgekühlt, oder er wird ver-
bittert. Dieser Gefahr sollten die Reichsdeutschen sich
bewußt sein, die mit dem Deutsch-Amerikanertum öffentlich ins Gericht gehen; ihre kritischen Verdikte würden
dann wohl vielfach milder in der Form und vorsichtiger
im Inhalt ausfallen. Die außerordentliche Tragweite
solcher Richtersprüche kann man aus der Ferne kaum
ermessen; ich aber habe reichlich Gelegenheit gehabt, als
Augen- und Ohrenzeuge zu beobachten, wie aus einem

in diese empfängliche Ackerfurche gestreuten schlimmen
Wort eine schlimme Saat aufschießt. Während meiner
Anwesenheit waren es hauptsächlich die gerade in der
„Kölnischen Zeitung" erschienenen messerscharfen An=
klagen des geistvollen Leipziger Historikers Karl Lamprecht
(jetzt in seinem Buche „Americana" wieder abgedruckt),
die eine tiefgehende Verstimmung hervorriefen. Sie
waren das allgemeine Tagesgespräch, und je nach dem
Temperament der einzelnen vernahm ich bald im Tone
der Niedergeschlagenheit, bald in dem der Empörung
beredtes Bedauern darüber, daß ein Mann von solchem
Namen und Einfluß gegen die Deutsch=Amerikaner bei
ihren Landsleuten daheim so unglimpfliche Vorwürfe
erhebe. Auch in öffentlichen Ansprachen wurde dieses
Thema immer wieder berührt, zum Beweis, daß es allen
am Herzen lag.

Wenn Lamprecht sich bis zu der Behauptung ver=
steigt (die er übrigens am Schluß seines Buches selbst
wieder abzuschwächen sucht), daß in Amerika der Deutsche
als Deutscher versagt und nicht einmal als der bekannte
Völkerdünger angesehen werden kann, so braucht man
nur auf die von mir angeführten Tatsachen hinzudeuten,
um ein solches allgemeines Verdammungsurteil als völlig
unzutreffend zu widerlegen. Schwerer wiegt sein Vor=
wurf, die Deutschen hätten in den Vereinigten Staaten
einen traurigen Mangel an politischem Verständnis an
den Tag gelegt und damit gezeigt, daß sie „einer Be=
teiligung an der Politik einfach nicht fähig" sind. Ist
dieser Vorwurf stichhaltig?

Es läßt sich nicht bestreiten: Wenn die Deutschen
auch in den Kriegen der Union sich rühmlichst hervor=

getan und im Frieden sich als gute Staatsbürger be=
währt haben, an der aktiven Politik des Landes haben
sie nicht den Anteil genommen, der ihrer Zahl und ihrer
Intelligenz entspricht. In einer Tischrede, die ebenfalls
gegen Lamprecht polemisierte, führte zwar während meines
Aufenthaltes in Cincinnati einer der ersten dortigen Deut=
schen, Richter Bode, eine stattliche Reihe von Lands=
leuten auf, die im politischen Leben ehrenvoll hervor=
getreten sind. Das ändert aber nichts daran, daß nur
der eine Karl Schurz als Minister in der Bundes=
regierung eine leitende Stellung eingenommen hat, daß
gegenwärtig der Kongreß nur zwei deutsche Namen, der
Senat keinen einzigen aufweist. Nur muß man, um
diese Sachlage gerecht zu würdigen, nicht übersehen, wie
gering der Stand des Berufspolitikers von der öffent=
lichen Meinung Amerikas heute noch gewertet wird, und
wie wenig es feiner organisierte Geister verlocken kann,
in die Arena des Parteigetriebes, in der allein politische
Preise zu erbeuten sind, hinabzusteigen. Das Haupt=
hindernis liegt indes für die Deutsch=Amerikaner in ihrer
sprachlichen Doppelstellung, und diese darf ihnen doch
wahrlich, da sie dem treuen Festhalten an ihrer Mutter=
sprache entspringt, gerade von deutscher Seite zuletzt ver=
argt werden. Ein Politiker muß da drüben, mehr noch
als anderswo, vor allem ein Redner sein, und wer noch
in deutscher Sprache denkt, dem wird es natürlich nicht
leicht fallen, der englischen derart mächtig zu werden,
wie es für die oratorische Bearbeitung der Massen not=
wendig ist. Aber damit nicht genug: liegen denn über=
haupt die stärksten Vorzüge des deutschen National=
charakters auf politischem Gebiet? Kann auf diesem das

Größte gesucht werden, was die Deutschen für sich und
die Menschheit geleistet haben?

Sie haben verschiedene Male große politische Führer
gehabt; aber die längste Zeit über sind sie kein politisches
Volk gewesen, am allerwenigsten während ihrer höchsten
Kulturblüte im achtzehnten Jahrhundert. Die aufwühlen=
den Ereignisse des neunzehnten, von der Napoleonischen
Bedrückung angefangen, haben — zum erstenmal in einer
zweitausendjährigen Geschichte — die deutsche Nation zu
wirklichem politischen Leben geweckt, und ein gewaltiger
Lehr= und Zuchtmeister hat dieses auf eine Höhe gehoben,
von der es jetzt, nachdem die Großtaten geschehen, das
Reich errichtet und ausgebaut worden, schon merklich
wieder herabgeglitten ist. Für sein rasches Abflauen
spricht zum mindesten die wachsende Bedeutungslosigkeit
unserer Parlamente, in denen nach dem allmählichen
Verschwinden der Charakterköpfe aus der Bismarckschen
Zeit der Mangel an großzügigen oder auch nur eigen=
artigen politischen Persönlichkeiten immer fühlbarer wird.
Aber einerlei, wie man nach diesen Erwägungen den
Deutschen im Vaterlande das Horoskop stellen mag, die
Deutschen im Auslande haben sicherlich noch andere,
ebenso dringende Kulturaufgaben zu erfüllen, wie die
politische Aktivität es ist; sie haben noch andere Wege,
ihr Bestes, ihr Eigentümlichstes zu geben und dadurch
mittelbar auch auf die Politik ihrer Adoptivheimat einen
läuternden Einfluß zu üben.

Auf alle Fälle wird man ihnen von vaterländischer
Seite manches zu gute halten müssen, solange sie einen
erheblichen Teil ihrer Energie darauf verwenden, deutsch
zu bleiben. Sie tun das nicht aus kühler Überlegung,

sondern aus innerem Zwang; darum ist es unpsycho=
logisch, ihnen zu raten, sie möchten doch diese fruchtlose
Anstrengung nicht länger fortsetzen und je eher je besser
ihr unvermeidliches Geschick, die kulturelle Verschmelzung
mit dem Volkstum, dem sie fortan dauernd angehören,
freiwillig vollenden. Wer mit allen Fasern seines Wesens
an seiner Familie hängt, dem mag man tausendmal vor=
reden, es sei praktischer für ihn, sich gänzlich von ihr
loszulösen; man wird ihn damit höchstens verwunden,
aber nicht verwandeln. Niemand, der nicht absichtlich
seine Augen verschließt, kann verkennen, daß dem deutschen
Element als solchem in Amerika keine selbständige Zu=
kunft beschieden ist, und daß bei der Assimilationskraft
der immer fester zu innerlicher Einheit zusammenwachsen=
den amerikanischen Nation jener Aufsaugungsprozeß
früher oder später sich vollziehen muß. Das Deutschtum
kann und will drüben keine Proselyten machen, und in=
wieweit es im stande ist, seinen Besitzstand zu wahren,
das wird wesentlich von einem äußeren Faktor bedingt
werden: von der Stärke des Nachschubs frischer Re=
serven aus der Heimat. Aber die schwarzseherischen
Propheten, die es schon heute als totgeweiht bezeichnen
und ihm einen vorzeitigen Grabgesang anstimmen, wird
es noch lange überdauern. Und sich selber den Garaus
zu machen, dazu hat es bei der festen Gesundheit, deren
es sich bis jetzt erfreut, erst recht keine Lust. Wenn den
Deutschen im Auslande mit Recht nachgesagt worden
ist, daß sie schneller als die Angehörigen anderer
Völker ihre Sprache und ihre Abkunft verleugnen, die
Deutsch=Amerikaner bezeugen durch ihre frischfröhliche
Beharrlichkeit das Gegenteil. Auch den Vorwurf, daß

sie nicht zusammenhalten, hat Lamprecht gegen sie er=
hoben; aber wenn sie drüben zusammenhalten sollen,
dann darf man ihnen hüben den Zusammenhalt mit
dem Vaterlande nicht erschweren. Sie verdienen und
sie benötigen die moralische Unterstützung der Deutschen
daheim.

Erziehung und Unterricht

Wenn ich sagen soll, was in Amerika mich in das größte Erstaunen versetzt und meine Erwartungen am weitesten übertroffen hat, so antworte ich: es sind nicht die Wolkenkratzer, nicht die Dimensionen des Landes, nicht die Riesenhaftigkeit aller Lebensverhältnisse; es ist vielmehr das Bildungs- und Unterrichtswesen. Mit demselben Recht, wie man vorgibt, dieses Volk sei von einer unersättlichen Erwerbsgier besessen, kann man auch behaupten, es sei von einem unstillbaren Wissensdurst beherrscht. Der Respekt, den man drüben vor der Bildung hat, grenzt an mystische Verehrung; nirgends in der Welt werden dem Studium so gewaltige Summen geopfert. Hat jemand Reichtümer zusammengerafft, so besteuert er sich selbst durch fürstliche Stiftungen für Schulen, Universitäten und Bibliotheken. Millionen und aber Millionen werden jährlich von Privaten der Volkserziehung zur Verfügung gestellt. Es ist der heißeste Wunsch des Selfmademan, daß seine Söhne mehr lernen als er selbst. Dieser Trieb kennt weder einen Unterschied der Geschlechter noch der Klassen; er erstreckt sich bis in die untersten Schichten, und ein ebenso großartiges wie verwickeltes System von Bildungsanstalten sucht ihm Genüge zu tun.

Schon jene Seite des Lerneifers, mit der ich zunächst persönliche Bekanntschaft machte, mußte mich verblüffen: die Verbreitung der deutschen Sprachstudien. Ehe ich meine Reise antrat, wurde mir von Leuten, die Amerika zu kennen glaubten, wiederholt versichert, daß ich mit deutschen Vorträgen nur das Ohr der Deutsch-Amerikaner erreichen könne. Die Erfahrung hat mich eines anderen belehrt. Auch dort, wo in meinem Auditorium das deutsche Element überwog, war stets eine ansehnliche Minderheit von Anglo-Amerikanern vorhanden, die unsere Sprache sich angeeignet hatten, und die Gelegenheit wahr- nahmen, sie zu üben. Das gilt von meinen Vorträgen vor einem gemischten Publikum; so oft ich aber zu einem akademischen Kreise sprach, gab es nachweislich nur ver- schwindend wenige Deutsche unter meinen aufmerksamen und empfänglichen Zuhörern.

Ich habe als Redner die Gastfreundschaft von vier- zehn Universitäten der Vereinigten Staaten genossen. In dieser Zahl sind fast alle diejenigen enthalten, die ihrem Besuch und ihrer Bedeutung nach die erste Reihe ein- nehmen: die Columbia-Universität in Newyork, die Penn- sylvania-Universität in Philadelphia, Harvard in Cam- bridge und Yale in Newhaven, Princeton und Ithaca, die Washington-Universität in St. Louis und die Uni- versität von Chicago, die Staatsuniversitäten von Ohio, Wisconsin und Minnesota in Columbus, Madison und Minneapolis. Nicht nur überall dort, sondern auch an den kleineren, weniger bekannten Anstalten von Bloo- mington, Indiana und Columbia, Missouri fand ich eine oft bis zu tausend Köpfen starke, größtenteils aus Stu- denten und Studentinnen bestehende anglo-amerikanische

Zuhörerschaft, die willig und fähig war, einem deutschen
Vortrag zu folgen. Ihre bloße Anwesenheit hätte ja
für den Grad ihres Sprachverständnisses noch nichts be=
wiesen, und auch ihr lautloses Aufmerken hätte erheuchelt
sein können; aber es gibt eine untrügliche Probe: wer
lacht, der begreift. Und diese Probe wurde, sobald ich
einen Scherz machte oder Humoristisches vortrug, jedesmal
durch prompte Heiterkeit bestanden. Als ich in Detroit
sprach, wurde ich von einer Anzahl von Studenten be=
grüßt, die, um Deutsch reden zu hören, eigens von ihrer
eine Eisenbahnstunde entfernten Universitätsstadt Ann
Arbor herübergereist waren.

Man wird mir nachfühlen, daß ich über diese Tat=
sachen Verwunderung empfand und äußerte. Daraufhin
wurde mir von den Professoren erwidert, daß es sich hier
allerdings um eine ziemlich junge Erscheinung handle.
Von dem allgemein gesteigerten Interesse für deutsche
Kultur beeinflußt, ist das Studium unserer Sprache
neuerdings in mächtigem Aufschwung begriffen. Die
höheren Lehranstalten lassen dem Schüler die Freiheit,
zwischen zwei modernen Sprachen, Französisch und Deutsch,
zu wählen; nur eine von beiden ist obligatorisch. Der
Fall aber ist nicht selten, so sagte man mir, daß in den
nämlichen Instituten, wo noch vor einem Jahrzehnt drei
Viertel der Schüler Französisch vorzogen, heute drei
Viertel sich für Deutsch entscheiden. Man liest in den
amerikanischen Schulen nicht nur die Werke unserer
klassischen, sondern auch die unserer modernen Literatur.
Schriften von Heyse, Rosegger, Hauptmann, Sudermann,
Baumbach sind in besonderen Schulausgaben erschienen,
ebenso auch mein Märchendrama „Der Talisman", das

ich zu meiner nicht geringen Überraschung auf dem offiziellen Lehrplan verzeichnet fand.

Als ein weiteres Symptom für die Beflissenheit, mit
der Jung=Amerika Deutsch lernt, darf es gelten, daß die
Direktoren Conried und Wachsner mit ihren Theatern
von Newyork und Milwaukee alljährlich an benachbarten
Universitäten mehrere deutsche Vorstellungen, ausschließlich für die Studierenden, veranstalten, deren Gesamt-
erträgnis sie großmütig den Fonds der germanistischen
Abteilungen zufließen lassen. Aber auch die Studierenden
selbst spielen zu Übungszwecken deutsche Stücke; es gibt
kaum eine Generation unter ihnen, die nicht wenigstens
in Freytags „Journalisten" einmal gemimt hat. Aus
dem gleichen Nährboden erwuchs das vor einigen Jahren
begründete und vom deutschen Kaiser beschenkte Germa-
nische Museum in Harvard, das unter der umsichtigen
und hingebenden Leitung Kuno Franckes schon jetzt einen
guten Überblick über die mittelalterliche deutsche Kunst
ermöglicht.

An den größeren Universitäten haben sich die Studierenden des „German Department" zu deutsch=akade-
mischen Vereinen zusammengetan, nicht nur behufs gegenseitiger wissenschaftlicher Anregung, sondern auch um in
geselligen Zusammenkünften die Formen und den Geist
unserer Fidelitas bei sich einzubürgern. In Princeton
und in Newyork veranstalteten diese Vereine unter Be-
teiligung der Professoren mir zu Ehren je einen Kommers, an dem jedes deutsche Burschenherz seine helle
Freude gehabt hätte. Die geborenen Amerikaner hielten
deutsche Bierreden, ohne zu stocken, rieben deutsche Salamander, ohne nachzuklappen, und sangen die schönsten

Lieder unseres Kommersbuches, ohne aus dem Takt zu geraten. Als sie aus jugendfrischen Kehlen die herrliche, festlich=wehmütige Melodie anstimmten: „O alte Burschen= herrlichkeit, wohin bist du verschwunden," da summte ich, gedenkend, an welcher Stelle des Erdbodens ich mich be= fand, unwillkürlich die Variante mit: „O neue Burschen= herrlichkeit, wo bist du auferstanden!" Wahrlich, die Söhne der Deutsch=Amerikaner dürfen ihr Deutsch schon aus dem triftigen Grunde nicht verlernen, damit nicht die Söhne der Anglo=Amerikaner sie beschämen.

Auch was ich im übrigen vom amerikanischen Stu= dentenleben gesehen habe, konnte nur sympathisch auf mich wirken. Ich will die Poesie unseres heimischen Burschentums, von der wir alle bis ins Alter hinein zehren, gewiß nicht verkleinern, noch auch die Ehrwürdig= keit unserer in graue Väterzeit zurückweisenden akademi= schen Sitten antasten; aber zweierlei muß jedem, der aus Deutschland kommt, beim Anblick amerikanischer Studenten angenehm auffallen: man sieht keine zerhackten und keine versoffenen Gesichter. Die akademische Jugend der Neuen Welt kennt weder Duelle noch Mensuren; an deren Stelle tritt der Sport, der noch in seinen bedenklichen Über= treibungen und Ausschreitungen mir gesünder und menschenwürdiger scheint, als der barbarische Brauch der gegenseitigen Gesichtsverstümmelung. Bezeichnet er doch ein fortgeschrittenes Stadium menschlichen Ehrgeizes, da er das aus dem Urzustand übernommene kriegerische Prinzip des Zweikampfes durch das erst von der Kultur geschaffene friedliche Prinzip des Wettkampfes ersetzt. Roheit kann freilich auch dabei zum Ausbruch gelangen; aber das Fußballspiel, das am ehesten zu ihr verführt,

ja sogar schwere Körperverletzungen nicht ausschließt, ist
keineswegs das eigentliche Nationalspiel der amerika=
nischen Jugend; an einigen Orten ist es bereits gänzlich
abgeschafft. Als Nationalspiel hat vielmehr der Base=
Ball zu gelten, der von seinen Spielern weit weniger
rohe Kraft als Gewandtheit, Geistesgegenwart und
Schnelligkeit fordert. Alle Universitätsstädte haben ihren
eingehegten Base=Ball=Platz, den wie bei unseren Wett=
rennbahnen stolze Tribünen umgeben. Auf dieser Walstatt
werden vor einer tausendköpfigen Zuschauermenge mehr=
mals im Jahr die Turniere zwischen den Mannschaften
verschiedener Universitäten ausgefochten, und wenn man
einen amerikanischen Studenten fragt, welche Universität
gegenwärtig die führende sei, so kann es leicht geschehen,
daß er diejenige nennt, die aus dem letzten Base=Ball=
Turnier als Sieger hervorging. Die oft ins Maßlose
gesteigerte Leidenschaftlichkeit, mit der diese Sportkämpfe
betrieben und von der ganzen Nation verfolgt werden
(die Zeitungen bringen spaltenlange Berichte darüber),
hat natürlich die Schattenseite, das Interesse vom Studium
abzulenken, und eine Sache, die doch schließlich nur als
Mittel zum Zweck ihre volle Berechtigung hat, zum
Selbstzweck zu erheben. Aber dafür begegnet man dort
auch nicht den schmalschultrigen, engbrüstigen und bleich=
süchtigen Brillenträgern, die in so betrüblicher Anzahl
unsere Hörsäle bevölkern; und es ist immer noch besser,
daß die amerikanischen Studenten ihre Zeit mit Kräfti=
gung ihrer Muskeln und Nerven, als mit Frühschoppen
und Vespertrunk und durchkneipten Nächten verschwenden.
Im Lande der Temperenz trinkt die studierende Jugend
wenig oder gar nichts; sie ist nicht „feuchtfröhlich" wie

bei uns, aber sie beweist jedenfalls, daß die Fröhlichkeit auch ohne Feuchtigkeit bestehen kann. Denn an harmlosem Übermut gibt sie den deutschen Kommilitonen nichts nach.

Das merkt man schon, wenn man sie ihren „Yell" ausstoßen hört. Das ist gleichsam ein geschriener Salamander. Jede Universität hat einen solchen ihr eigentümlichen Ruf, der in der Verherrlichung der Alma mater oder einer zu ehrenden Persönlichkeit gipfelt. Die einzelnen Buchstaben des betreffenden Namens werden von der Korona im rhythmischen Chor laut und rasch hervorgeschmettert und dann der ganze Name wiederholt. Auf solche Art wurde ich von dem studentischen Galeriepublikum angedonnert, als ich im Theater zu Philadelphia auf der Bühne erschien. Aber ich hatte auch Gelegenheit, die lustigen Musenjünger bei selbsttätiger Ausübung theatralischer Künste zu belauschen. In einem akademisch-dramatischen Verein der Harvard-Universität, der den vielversprechenden Namen „Hasty Pudding Club" trägt, wohnte ich der Aufführung einer Operette bei, die von Studenten verfaßt, komponiert und inszeniert war. Ein Student dirigierte das aus Studenten bestehende Orchester, und Studenten spielten, sangen und tanzten sämtliche Männer- und Frauenrollen. Text und Musik zeigten wenig originelle Erfindung und mangelhafte Technik; umso flotter und ergötzlicher mutete die Darstellung an. Sie schien auf das sorgfältigste vorbereitet, und wenn auch nur einzelne der jungen Mimen echte schauspielerische Begabung verrieten, so waren doch alle mit solchem Feuereifer bei der Sache und offenbarten eine so echte, urwüchsige Ausgelassenheit, ohne doch je über die Stränge

der Schicklichkeit und des guten Geschmacks zu schlagen,
daß jede stirnrunzelnde Kritik entwaffnet werden mußte.
Zumal die bildhübschen Jungen, die in Weiberkleidern
steckten, entfalteten eine unwiderstehliche täppische Grazie
und als Corps de Ballet eine fabelhafte Gelenkigkeit.
Das Publikum, zu zwei Dritteln aus jungen Mädchen
bestehend, lachte Tränen über all diesen unschuldigen
Spaß, und ich mußte mich fragen, ob es nicht gescheiter
wäre, auch unsere Studenten spielten Komödie an Stelle
von Skat.

Übrigens fehlt es auch nicht an ernsthaften Auf=
führungen. Während meiner Anwesenheit in Yale wurde
beispielsweise Shakespeares „Heinrich IV." von dortigen
Studierenden dargestellt. Sogar als Journalisten be=
tätigen sich diese vielseitigen Jünglinge; eigene, von
Studenten geschriebene und redigierte Zeitungen geben
dem akademischen Leserkreise über alles, was im Uni=
versitätsleben vor sich geht, über wissenschaftliche und
sportliche, manchmal sogar über politische Fragen Rechen=
schaft. Gemeinsames Wohnen und gemeinsames Speisen
kräftigt den kameradschaftlichen Sinn. Nichts hindert
den Studenten, sich wie bei uns ein Privatlogis zu
mieten; aber die sehr nachahmenswerte Einrichtung der
Dormitorien, das heißt großer, mit allem wünschens=
werten Komfort ausgestatteter Wohngebäude, bietet ihm
eine billige Unterkunft, die noch dazu seinen Studien=
zwecken besser angepaßt ist als ein liebloses Chambre
garni. Auch auf Wirtshauskost sieht er sich nicht an=
gewiesen; in schönen Klubhäusern, die ihm auch sonst
mit Lese=, Schreib= und Gesellschaftszimmern vielerlei
Behaglichkeiten gewähren, kann er seine Mahlzeiten ein=

nehmen. In der prächtigen und luftigen Memorial Hall mit ihren tausend Tischplätzen haben die Studierenden von Harvard einen Speisesaal, wie er ihren europäischen Kommilitonen nirgends zur Verfügung steht.

Die einzelnen, oft sehr zahlreichen Universitätsbauten liegen auf einem weiten, von Bäumen beschatteten Rasenplatz verstreut, den man den Campus nennt. Jedes wissenschaftliche Fach hat sein besonderes Haus; dazu kommen Turnhallen, Bibliotheken, Museen, Laboratorien, Dormitorien, so daß der ganze Komplex eine Stadt für sich bildet. In den kleineren und kleinsten Universitätsorten ist diese Lehr- und Lernstadt noch weit mehr als in den unsrigen der Mittelpunkt, auf den sich alles bezieht, und schafft jene eigenartige, aus Gelehrsamkeit und Jugendglück gemischte Atmosphäre, deren magischer Anhauch fürs ganze Leben vorhält.

Während unsere Universitäten in ihrer Organisation Republiken gleichen, in denen das Staatsoberhaupt, der Rektor, nur auf kurze Zeit erwählt wird, und die Fakultäten das Parlament vorstellen, entsprechen die Universitäten der großen Republik seltsamerweise eher der monarchischen Staatsform. Denn als ein- für allemal gekrönter Herrscher steht an ihrer Spitze ein Präsident, dessen Machtbefugnisse über die des Rektors weit hinausgehen. Er hat nicht allein die gesamte Verwaltung unter sich, sondern beruft auch, wenngleich nicht ohne den fachkundigen Beirat der Fakultäten, die Lehrkräfte. Die Präsidenten der angesehensten amerikanischen Universitäten gehören sozial und politisch zu den einflußreichsten Männern des Landes.

Der Ehrentitel „Universität" wird nun freilich auch

von solchen Anstalten usurpiert, die nach unseren Be=
griffen keinen Anspruch darauf haben. Von derartigen
Falschmeldungen muß man sich aber nicht zu irrigen
Urteilen über das Universitätswesen der Union verleiten
lassen. Die Anstalten, die den stolzen Namen mit Recht
führen, sind auch in unserem Sinne wirkliche Universitates
literarum; wenn die anderen ihn sich beilegen, so darf
man sie mit diesen ebensowenig verwechseln wie etwa
einen deutschen Professor mit den Nichtwissenschaftlern,
die seine Titulatur befugt oder unbefugt teilen. Die
richtige Bezeichnung der nur sogenannten Universitäten,
mit der sich die ehrlicheren begnügen, ist „College", und
das amerikanische College hat, ob es nun als Vorstufe
der eigentlichen Alma mater oder nur als Schlußstein
der höheren Schulbildung benützt wird, seine selbständige
Bedeutung. Es will nicht Fachgelehrte erziehen, sondern
das allgemeine Wissen seiner Zöglinge erweitern, ver=
tiefen und abrunden, einerlei, welchem Beruf sie sich
später zuwenden. Hinsichtlich der einzelnen Unterrichts=
gegenstände herrscht weitgehende Wahlfreiheit. Man
begreift, daß Anstalten von diesem Typus sich nament=
lich auch für das weibliche Geschlecht empfehlen, und in
der Tat gibt es eine ganze Anzahl solcher Colleges aus=
schließlich für junge Mädchen im Alter von achtzehn bis
zu zweiundzwanzig Jahren.

    Ein Vortrag führte mich nach dem ältesten und
meistbesuchten, dem Vassar College, das in idyllischer
Ländlichkeit nahe dem malerisch am Hudson=Ufer sich
aufbauenden Städtchen Poughkeepsie gelegen ist. Es
hat gegenwärtig nahezu tausend Schülerinnen und einen
Lehrkörper von vierundsiebzig Damen und sechzehn Herren.

Der Unterricht erstreckt sich auf moderne Sprachen (Englisch, Deutsch, Französisch, Italienisch, Spanisch) und
Literatur, auf Latein und Griechisch, Philosophie und
Pädagogik, Geschichte und Religionsgeschichte, Nationalökonomie und Soziologie, Kunstgeschichte, Musik (Geschichte und Theorie) und Naturwissenschaft (Mathematik,
Physik, Chemie, Astronomie, Geologie, Mineralogie,
Biologie, Physiologie, Hygiene); nicht zu vergessen Turnen
und Sport.

Ich habe selten eine reinere und erquickendere Luft
geatmet, als an dem reizenden Tag, den ich in diesem
Frauenreich verbringen durfte. Mitten in dem lieblichen
Park liegen die stattlichen Gebäude, in denen die jungen
Mädchen wohnen und lernen. Die innere Einrichtung,
wenn auch die der Universitäten nachahmend, blinkt
von der besonderen Nettigkeit und Zierlichkeit weiblichen
Ordnungssinnes. Das Zimmer, das man mir angewiesen, ebenso wie die Stuben der Professorinnen und
der Zöglinge waren derartige Schmuckkästlein, daß es
hier Mephistopheles schwer gefallen wäre, seine in Gret-
chens Kammer geäußerte Behauptung „Nicht jedes
Mädchen hält so rein" aufrecht zu erhalten. Die wenigen
männlichen Wesen, die dieses Reich bevölkern, verschwinden
vollkommen; ein Nonnenkloster, das den Blick nicht nach
dem Himmel, sondern auf die Erde richtet, den Geist
nicht der Welt entfremden, sondern auf sie vorbereiten
will, das Herz nicht in Nacht, sondern in Sonne taucht.
Ich habe die jungen Damen während meines Vortrages,
bei den gemeinsamen Mahlzeiten im großen Refektorium,
an denen ich teilnahm, und beim abendlichen Kirchgang
gesehen, und mein Auge hat sich gelabt, nicht nur an

diesen kräftig=schlanken Gestalten und blühenden Gesichtern,
sondern auch an der ungezwungenen Anmut eines Be=
tragens, das von Keckheit wie von Schüchternheit, von
Formlosigkeit wie von Künstlichkeit gleich weit entfernt
ist. Als ich sie allesamt in der schönen neuen Kapelle
zur Abendandacht vereinigt sah, den weiten orgeldurch=
brausten Raum mit ihren lichten Kleidern und ihrem
lichten Wesen erfüllend, da konnte auch meine unkirchliche
Seele sich einer andächtigen Stimmung nicht erwehren.
Und wieder mußte ich in Gedanken eine Parallele ziehen
zwischen diesen von lauterstem Jugendgenuß strahlenden
Geschöpfen, die hier lächelnd den Ernst des Lebens
lernen und spielend das Altarfeuer im Tempel des
Wissens hüten, und der Mehrzahl unserer höheren Töchter,
die während der nämlichen Jahre nach der Schule und
vor der Heirat im Ballsaal einem verflachenden und
entnervenden Vergnügen nachjagen, in tändelndem Müßig=
gang, in flatterhaftem Dilettantismus sich ein eitles
Traumland zurechtspinnen, aus dem die Wirklichkeit sie
entweder niemals oder erst nach harten Kämpfen zurück=
holen kann.

Die eigentlichen Schulen, die Stätten der allgemeinen
Volksbildung, in denen auch die bevorzugte Minderheit
der späteren Studierenden und College=Zöglinge den
Grundstock ihres Wissens empfängt, zeichnen sich vor den
unsrigen dadurch aus, daß zum größten Teil der Unter=
richt, vielfach sogar auch die Schulbücher unentgeltlich
sind. Die für alle Gesellschaftsklassen gleiche Volksschule
entläßt ihre Schüler ungefähr mit dem vierzehnten Jahre;
unseren Realschulen und Gymnasien (bis etwa Ober=
sekunda) entspricht dann erst der vierjährige Kursus der

High School, das heißt der höheren Schule und nicht, wie von Deutsch-Amerikanern fehlerhaft übersetzt wird, der Hochschule. Sie hat eine uns unbekannte, aber, wie mir nach eigener Anschauung scheinen will, der Verpflanzung auf europäischen Boden höchst würdige Abart in der Manual Training High School, die dem gewöhnlichen Lehrplan noch den Unterricht in den wichtigsten Handfertigkeiten hinzufügt. Die von mir eingehend besichtigte Anstalt in Indianapolis bietet ihren Schülern und Schülerinnen neben den üblichen Fächern, als da sind moderne und klassische Sprachen, Geschichte, Geographie, Mathematik, Physik, Chemie u. s. w., die praktische Unterweisung in Tischlerei, Schmiedekunst, Gießerei, Maschinenbau, Zeichnen und Malen, Kochen, Handarbeit, Haushaltungslehre, Stenographie, Schreibmaschine und Buchhaltung. Es ist klar, daß die Ausbildung in einigen dieser Fertigkeiten, einerlei, ob sie für den künftigen Beruf nutzbar gemacht wird oder nicht, ein außerordentlich heilsames Gegengewicht gegen die Einseitigkeit des Buchwissens und des Gedächtniskrams darstellt; daß sie die Hand übt, die Sinne schärft, die Anschauung stärkt und den ganzen Menschen für das reale Leben, für die unmittelbare Anwendung seiner natürlichen Gaben und erworbenen Kenntnisse tauglicher macht. Sie hat überdies noch den kaum zu überschätzenden Vorzug, durch die reizvolle Abwechslung die Aufnahmsfähigkeit des jugendlichen Gehirns zu steigern und die Lust am Lernen frisch zu erhalten. Wenn man die Werkstätten durchwandelt, in denen die Knaben und Mädchen mit froher Emsigkeit ihren oft erstaunlich kunstvollen Hantierungen obliegen; wenn man die Gegenstände betrachtet, die von

den Schülern hergestellt sind; wenn man die ganze Schar
in der Speisehalle beim Gabelfrühstück sieht, das von
den Schülerinnen zubereitet worden; wenn man dann
wieder in die Klassenzimmer tritt, in denen die jungen
Schmiede und die jungen Köchinnen gemeinsam Latein
oder Weltgeschichte treiben, dann kann man über die
Gesundheit und Vorbildlichkeit dieses pädagogischen
Systems unmöglich im Zweifel sein. Ja, man wird
von einem leisen Neid angefochten, von einer stillen
Klage, daß man seine Jugend nicht zurückrufen kann,
um an der Hobelbank oder vor dem Amboß Daten,
Zahlen und Vokabeln zu verdauen.

Am bedeutendsten weicht das amerikanische Schul=
wesen von dem unsrigen ab durch das Prinzip der
„Koedukation", der gemeinsamen Erziehung beider Ge=
schlechter. In neun Zehnteln der Volksschulen und
höheren Schulen des Landes ist dieses Prinzip bereits
zur Durchführung gelangt; energische Gegner hat es
überhaupt nur noch in Bezug auf die „Colleges" und
Universitäten, wo denn auch noch vielfach Trennung
waltet. Vom ABC=Schützentum aber bis in die Jahre
der Reife genießen die amerikanischen Knaben und Mäd=
chen, von einer immer kleiner werdenden Minderheit
abgesehen, den nämlichen Unterricht in den nämlichen
Räumen, und niemand denkt mehr ernstlich daran, sie
wieder voneinander zu sondern. Der offenkundige Er=
folg schlägt alle Einwände zu Boden; denn er besteht
in nichts Geringerem als in einer segensreichen sittlichen
Hygiene. Man bedenke doch, wie natur= und vernunft=
widrig die ängstliche Scheidewand ist, die bei uns in
der Kindheit und Jugend zwischen den beiden Hälften

der Menschheit aufgerichtet wird! Diese beiden Hälften
sollen später sich suchen, sich aneinanderschließen, sich
zum Lebensbunde vereinigen; aber vorher sollen sie
möglichst wenig miteinander in Berührung kommen,
möglichst wenig von einander wissen, möglichst wenig Ge=
meinsamkeiten untereinander besitzen. Die Folge davon
ist, daß das eine Geschlecht vom andern sich die ver=
kehrtesten Vorstellungen macht, und daß an die Stelle
von unbefangener gegenseitiger Kenntnis und Würdigung
zwei gefährliche Extreme treten, phantastische Verhimme=
lung oder lüsterner Zynismus. Noch ehe die Sinne
sich regen, bringt die Abschließung eine schwüle Neugier
hervor; man beobachtet einander gleichsam durchs Schlüssel=
loch. Die unreifen Knaben tuscheln unter sich über die
Mädchen, diese über die Knaben wie über etwas Ver=
botenes, Ungeheuerliches, das man zwar täglich mit
Augen sieht, von dem man aber durch eine tiefe, halb
schreckende, halb lockende Kluft getrennt ist. Und wenn
die Entwicklungsjahre ihnen das Blut rascher und heißer
durch die Adern treiben, dann sind sie füreinander, da
nichts Menschliches sie vereinigt, lediglich Geschlechtswesen,
die sich gegenseitig zwar anziehen, aber nicht verstehen, oft
nicht einmal achten. Jetzt erst gestattet man ihnen den
Verkehr; aber was für einen! Auf sorgsam geschiedenen
Wegen sind sie gewandelt, bis sie im Tanzsaal zusammen=
treffen, und die Ödigkeit der Ballgespräche, die Neckerei
und Stichelei oder gar die Zweideutigkeit muß die
traurige Tatsache bemänteln, daß sie aus zwei ver=
schiedenen Welten kommen und darum sich nichts Ge=
scheites zu sagen haben.

Und nun das Gegenbild! Der amerikanische Knabe

und das amerikanische Mädchen sind vom sechsten Jahr
an Kameraden. Lange bevor ihnen der Geschlechtsunter=
schied in seiner Bedeutung bewußt wird, hat sich zwischen
ihnen ein Band menschlicher Solidarität geknüpft. Sie
teilen die kleinen Freuden und die kleinen Sorgen des
Schullebens; sie lernen einander von ihren starken und
ihren schwachen Seiten kennen; sie lernen einander unter=
stützen und aufeinander Rücksicht nehmen. Sie schreiten
zusammen fort; ihr Geist erhält die gleiche Nahrung.
In täglichem zwanglosem Umgang mildert das Mädchen
seine Scheu und der Knabe seine Wildheit. An Stelle
des Geheimnisses tritt Vertrauen, an Stelle der Neugier
die Selbstverständlichkeit der natürlichen Verschiedenheiten.
Welch ein außerordentlicher sittlicher Halt wird dem
Menschen durch eine solche Kindheit auf den ganzen
Lebensweg mitgegeben! Sie schützt ihn nicht vor Leiden=
schaft, aber vor Frivolität. Die Kameraden vom anderen
Geschlecht, mit denen man aufwuchs, kann man später
lieben und begehren; aber man kann sie nicht in den
Schmutz schleifen. Die Koedukation verbannt vielleicht
die höchste Poesie schwärmerischer Erotik; aber sie ver=
bannt auch die tiefe Selbstentwürdigung des Wüstlings=
tones, in dem unsere männliche Durchschnittsjugend sich
gefällt. Sie nimmt der Liebe etwas von ihrer Mystik;
aber sie gibt ihr dafür Klarheit und Ernst. Die Ehe
wird für den so erzogenen Menschen keine Gleichung mit
einer unbekannten Größe; sie schließt, wenn auch nicht
den persönlichen, so doch den prinzipiellen Irrtum aus.

Gewiß kommen Eigenschaften der Rasse in Amerika
der Koedukation zu Hilfe; aber durch sie sind hinwieder
diese Eigenschaften gehoben und gekräftigt worden. Mit

Recht dürfen die Amerikaner auf die Reinheit ihres Jugendlebens stolz sein. Kein Vater braucht bei ihnen zu zittern, wenn er seine Tochter in der Gesellschaft eines jungen Mannes weiß. Wie sympathisch mutet den Beobachter der harmlose kameradschaftliche Verkehr junger Leute an, der bei uns in solcher Freiheit nicht geduldet würde und, was schlimmer ist, nicht geduldet werden könnte! Im Speisesaal des Vassar College gewahrte ich an einer besonderen Tafel neben den Schülerinnen ein paar tadellos gekleidete Jünglinge, die inmitten all der Weiblichkeit wie die Hechte im Karpfenteich sich ausnahmen. Auf meine Erkundigung erfuhr ich, daß es die zum Besuch herbeigereisten Freunde der jungen Damen waren. Solche Besuche stattet man sich gegenseitig ab; niemand findet etwas dabei, und niemand hat Grund, etwas dabei zu finden. Während meiner Anwesenheit in Ithaca stand für den nächsten Morgen ein Base=Ball=Turnier in Aussicht; dazu waren die Freundinnen der Studenten eingetroffen. In Gruppen sah ich die jungen Männer und die jungen Mädchen auf dem Rasen lagern und eifrig die Chancen des morgigen Wettspiels erörtern. Und wo logieren diese zu Gast gekommenen Fräulein? Die Studenten räumen ihnen ihre Stuben ein und bringen sich für die Nacht anderswo unter.

Ob die Koedukation sich überall so vorzüglich bewähren würde, wie in den Vereinigten Staaten, ist eine andere Frage. In den romanischen Ländern wäre ihre Einführung vermutlich mit Schwierigkeiten und Gefahren verbunden; in den germanischen sicherlich nicht. In Schweden hat sie bereits die Probe bestanden, und in

Deutschland würde sie es gewiß nicht minder, wenn man ihr die Gelegenheit dazu eröffnete. Aber Generationen werden hingehen, ehe sie die eingewurzelten Vorurteile unserer leitenden Kreise, die festgerammelten Dogmen unserer herrschenden Parteien überwindet. Betrachten diese doch sogar die Anwesenheit von Damen in den Hörsälen unserer Universitäten noch immer mit scheelen Augen, obwohl die für das beiderseitige Seelenheil ge- fürchteten Nachteile ausgeblieben sind. Am Alther- gebrachten soll nicht gerüttelt werden; was man nicht ändern will, das spricht man heilig, und die wahre Sittlichkeit hat bei uns ihre schlimmsten Feinde in ihren angelegentlichsten Hütern.

———

Volksbildung und Kunst

Der soziale Gedanke, daß Bildung kein Privileg sein darf für die Begüterten, daß vielmehr aus ihrem freien Quell jeder soll schöpfen können, den nach ihr dürstet, hat nirgends weitere Kreise gezogen, nirgends zu großartigeren Liebeswerken geführt als in den Vereinigten Staaten. Das von England ausgegangene Schlagwort „University extension" ist in Amerika die Triebfeder geworden für eine Bewegung, gegen deren stolze Flutwellen die löblichen Bestrebungen unserer Volksbildungsvereine wie ein Sturm im Wasserglase erscheinen. Wer kennt bei uns den Namen Chautauqua? Und doch verdient er, in aller Munde zu sein als der eines modernen geistigen Olympia, das in der Alten Welt nicht seinesgleichen findet.

Chautauqua, ein Dorf im Staate Newyork, in reizender Umgebung an einem großen See gelegen, vereinigt seit bald einem Menschenalter allsommerlich viele Tausende von Männern und Frauen, die ihre Ferienzeit zu ernsten Fortbildungsstudien verwenden, ohne daß sie darum auf Naturgenuß und körperliche Erholung zu verzichten brauchen. Von den besten Lehrkräften des Landes, und zwar nicht nur von Universitätsprofessoren,

sondern auch von Männern des praktischen Lebens,
werden dort, teilweise unter freiem Himmel, Vortrags=
kurse in allen wesentlichen Fächern der Wissenschaft ge=
halten. Man wohnt, je nach den Mitteln, in Hotels,
in Logierhäusern oder in Zelten; man hat Gelegenheit,
gute Musik zu hören; man rudert und badet; man treibt
Sport und veranstaltet gemeinsame Ausflüge. Der höchste
Beitrag, den man für die Teilnahme an beliebigen Kursen
während des ganzen Sommers zu entrichten hat, beläuft
sich auf zehn Dollars. In einem freiwilligen Examen
kann jeder am Schlusse seinen Meistern und sich selbst
Rechenschaft über die erworbenen Kenntnisse ablegen und
ein Zeugnis erwerben, das namentlich für Volksschul=
lehrer auch reellen Wert besitzt. Die Chautauqua=Gesell=
schaft hat aber heute nicht nur am Orte ihrer Begrün=
dung, sondern an mehr als dreihundert anderen Plätzen
des Landes ihre vielbesuchten Niederlassungen; sie alle
liegen in schöner, freier Natur; sie alle ermöglichen es
dem Sommerfrischler, im höchsten Sinne des Wortes
das Nützliche mit dem Angenehmen zu verbinden. Es
versteht sich von selbst, daß man von einem solchen
Aufenthalt mehr mit nach Hause nimmt als nur Wissens=
bereicherung. Die Berührung und Anknüpfung mit Gleich=
strebenden, der aus gemeinsamer Hingabe erwachsende
Enthusiasmus, die durch frischen Waldeshauch gewürzte
geistige Atmosphäre können ihren veredelnden Einfluß
auf den ganzen Menschen schwerlich verfehlen.

Die Wohltat dieser wundersamen Einrichtung wird
freilich nie dem gesamten Volk zu gute kommen; denn
es sind ja schon Bevorzugte, die ihrem Beruf wochen=
lange Ferien abzudingen vermögen. Zahllose populäre

Vorträge suchen in den Städten die minderbegünstigten Massen zu erreichen. Schlechtweg für alle aber erschließt die Bildung ihre Pforten in dem einzig dastehenden Bibliothekswesen.

Schon die Universitätsbibliotheken müssen durch ihre bauliche Pracht, durch ihre Reichhaltigkeit und Zweck=mäßigkeit das Staunen des europäischen Besuchers wach=rufen; und doch werden sie durch die öffentlichen Büche=reien in den Schatten gestellt. In den Städten Europas pflegen Schlösser und Dome die architektonischen Glanz=punkte zu bilden; in den Städten Amerikas kann der Fremde, der den schönsten Monumentalbau bewundern will, mit Sicherheit erwarten, daß man ihn zur „Public Library" führt. Es ist, als habe man sich für den Mangel an Fürstenpalästen schadlos halten wollen, in=dem man den Werken der Geistesfürsten möglichst prunk=volle Residenzen aufrichtete. Und diese Majestäten sind hier nicht hinter allerlei bureaukratische Bollwerke ver=schanzt; sie erteilen bei offenen Türen jedermann ihre Audienzen.

Zur Illustration mögen ein paar Notizen über die öffentliche Bibliothek zu Chicago dienen, die ich unter sachkundiger Führung am genauesten besichtigt habe. Der gewaltige Renaissancebau nimmt einen ganzen Block ein; außen wie innen hat man nur edelstes Material verwendet; Treppenhaus und Hauptsäle blinken von carrarischem Marmor und reichstem Mosaikschmuck. Die Ausgabehalle ist eine mächtige Rotunde, von einer glä=sernen Kuppel überwölbt. Ein Lesesaal mit 225 Plätzen enthält 2000 Nachschlagewerke zu freiem Gebrauch; ein noch größerer Lesesaal mit 450 Sitzplätzen, dessen Dimen=

sionen in Höhe und Weite mich völlig verdutzten, und
dem an drei Seiten die vom Fußboden bis zur Decke
reichenden Fenster das herrlichste Licht spenden, ist ausschließlich für die Leser von Zeitungen und Zeitschriften
bestimmt; 1200 Publikationen aller Kulturländer stehen
ihnen zur Auswahl. Die eigentliche Büchersammlung
umfaßt über 300 000 Bände; wie reichhaltig darin die
deutsche Literatur vertreten ist, konnte ich mich durch
verschiedene Stichproben in dem ausgezeichneten, jedermann zugänglichen Zettelkatalog überzeugen. Ein eigener
Saal ist den Blinden eingeräumt, denen 1000 in Blinden-
schrift gedruckte Werke sich darbieten. Jeder Einwohner
von Chicago kann ohne irgendwelche Formalität die
Bibliothek benützen; will er Bücher entleihen, so genügt ein einmaliges Gesuch, das mit seiner Adresse
und der Gegenzeichnung eines beliebigen Bürgers versehen ist. Während man bei uns ein bestelltes Buch
in der Regel erst am nächsten Tage bekommt, wird es
hier auf pneumatischem Wege innerhalb weniger Minuten
herbeigeschafft und ausgeliefert.

In dem großen Lesesaal war zu der Vormittags-
stunde, da ich ihn betrat, kaum ein Platz unbesetzt. Die
dürftige Kleidung eines beträchtlichen Teils der Anwesenden ließ keinen Zweifel, daß hier wirklich das Volk
vertreten war, jene Hungernden, die nicht vom Brot
allein leben können, so sehr auch der harte Kampf um
dieses ihr Dasein erfüllt. Man wird einwenden, daß
bei den riesenhaften Entfernungen Chicagos doch wieder
nur verhältnismäßig wenige die Zeit zu regelmäßigem
Besuch erübrigen können. Nun denn, die Bibliotheks-
verwaltung hat in ihrer weisen Fürsorge auch daran

gedacht, indem sie sechs Zweiglesehallen in den ver=
schiedensten Stadtteilen begründete. Aber damit nicht
genug: wer Bücher entleihen will, der braucht erst recht
keinen umständlichen Weg zu machen. Siebzig Aus=
gabestellen sind rings durch die Stadt verstreut, so daß
man auch in entlegener Gegend nur ein paar Straßen
weit zu wandern hat, um zu erhalten, was man
wünscht. Die bestellten Bücher werden mit Automobilen
nach der betreffenden Filiale befördert; oft kann man
sie dort noch am selben Tag, spätestens am nächsten
Morgen in Empfang nehmen. Die Rückgabe des Buches
kann bei jeder Ausgabestelle erfolgen, auch wenn man
es in einer anderen oder in der Bibliothek selbst ab=
geholt hat. Kurzum, es gibt keine Erschwerung, die
nicht vermieden, und keine Erleichterung, die nicht durch=
geführt wäre. Eine nach solchen Grundsätzen geleitete
Bücherei kann wahrhaft volkstümlich werden und volks=
erziehlich wirken; bei uns hingegen hat der gemeine
Mann noch immer die nicht unberechtigte Empfindung,
als würden die Schätze unserer öffentlichen Bibliotheken
von Drachen behütet, und als müßte man besonderer
Zauberformeln kundig sein, um mit heiler Haut zu ihnen
durchzudringen.

Diese Grundsätze sind, mit geringfügigen Variationen,
in allen Städten der Union die gleichen. Im Osten
fehlen Volksbibliotheken sogar in den kleinen und klein=
sten Ortschaften selten. Das Gebäude der Bostoner öffent=
lichen Bibliothek, die mit ihren mehr als 800 000 Bänden
an der Spitze steht als die größte, nicht staatliche Samm=
lung der Welt, übertrifft an Ausstattungspracht noch
bei weitem das von Chicago und enthält überdies in

den Wandgemälden von Puvis de Chavannes und von
Sargent Meisterwerke der modernen Malerei. Seinerseits
wird es wieder übertrumpft von dem herrlichen Bau der
Congreß Library zu Washington, von der ich in anderem
Zusammenhang bereits gesprochen habe. Sie verfügt
heute schon über mehr als eine Million Bände und hat
Raum für vier bis fünf Millionen. Wenn im Sitzungs=
saal des Kapitols, das durch einen großen, baumbe=
pflanzten Platz von ihr getrennt ist, ein Kongreßmitglied
ein Buch einzusehen wünscht, so ist dieses dort inner=
halb von drei Minuten zur Stelle; denn die zwei Ge=
bäude sind unterirdisch durch einen Tunnel verbunden,
in dem die Bücherkästen mit Kurierzugsgeschwindigkeit
hin und her sausen. In der Kongreßbibliothek befindet
sich auch ein Restaurant; als Gast des ebenso gelehrten,
wie weltmännischen Bibliothekars Mr. Putnam traf ich
dort mit einem Herrn von der Königlichen Bibliothek
in Berlin zusammen, der zu Studienzwecken nach Amerika
gesandt worden war. Es steht also zu hoffen, daß der
Berliner Neubau die wichtigsten Vorteile des ameri=
kanischen Systems adoptieren wird. Ob damit aber
auch dem Paragraphenwust der altfränkischen Benutzungs=
ordnung das letzte Stündlein geschlagen hat, das wissen
die Götter. Den Hut wechselt man ja auch bei uns je
nach dem Fortschritt der Mode; aber den Zopf darunter
läßt man sich nicht abschneiden.

Als Merkwürdigkeit verdienen noch die Büchersamm=
lungen erwähnt zu werden, die von einigen Hotels zur
Unterhaltung und Belehrung ihrer Gäste eingerichtet
sind. Der Lesesaal des „Hotel Touraine" zu Boston,
der in seiner schweren, gediegenen Eleganz weniger an

einen Gasthof als an einen alten Edelsitz gemahnt, birgt eine mit sorgfältigem Geschmack ausgewählte Bibliothek von viertausend reich in Leder gebundenen Bänden.

Wer etwa daran zweifeln wollte, daß in den Vereinigten Staaten mehr gelesen wird als anderswo, den müßten schon die fabelhaften Auflageziffern beliebter Bücher eines Besseren belehren. Der Absatz der zahllosen Monatsschriften, nicht nur der leichteren illustrierten Ware, sondern auch der populärwissenschaftlich-literarischen, übersteigt erst recht alle europäischen Begriffe. An jedem Bahnhof sind diese Magazine und Revuen in ganzen Stößen zu haben und werden vom reisenden Publikum so eifrig gekauft wie bei uns höchstens die Witzblätter. Im fahrenden Zuge sogar werden dickleibige Bücher, nicht nur belletristischen Inhalts, feilgeboten. Geradezu verwirrend aber wirkt der Konsum an Tageszeitungen. Jeder Amerikaner, vom Milliardär bis zum Stiefelputzer und vom Professor bis zum Schulbuben, ist ein fanatischer Zeitungsleser.

Die Presse als Volkserziehungsmittel! Darüber ließe sich nun allerlei Schönes und Erbauliches sagen. Schade nur, daß die amerikanische Presse von dieser ihrer pädagogischen Aufgabe sich vorderhand noch nicht sonderlich durchdrungen zeigt. Es gibt allerdings, namentlich in den Städten des Ostens, Organe von vornehmem Gepräge und literarischer Haltung, in denen reife Sachkenntnis und schriftstellerisches Talent das Wort führen; ja das wohlerzogene Boston besitzt in seinem „Transcript“ ein großes politisches Journal, das in seiner allumfassenden Gründlichkeit von Gelehrten für Gelehrte geschrieben scheint. Diese rühmlichen Ausnahmen ändern

aber nichts an dem Gesamteindruck, daß die überwiegende
Mehrheit der amerikanischen Zeitungen sich mit öder,
oberflächlicher Sensationsmache an die niedrigeren In=
stinkte der Massen wendet. Gewiß darf man die Summe
von geistiger Begabung und Energie nicht unterschätzen, die
in ihre nie stillstehenden Rotationsmaschinen mit hinein=
fließt; gewiß wird man auch in ihnen häufig fesselnde
Artikel finden, die ihr Thema sachlich beherrschen und in
tadellose Form kleiden; doch man kommt über die markt=
schreierische Art, über die Tamtambegleitung, mit der
jedes Gericht aufgetragen wird, nicht hinweg. Schon
die entsetzlichen „head lines“, die faustdicken Überschriften,
die in geschmacklosem Lapidarstil die Rosinen aus dem
nachfolgenden Kuchen picken, können zartere europäische
Nerven zur Verzweiflung treiben. Das ganze Blatt
zappelt und fuchtelt. Mitten in einen Artikel hinein
schieben sich Illustrationen oder Reklamen; man weiß
nicht recht, wo es weitergeht; man weiß überhaupt
nicht, wo man eine bestimmte Rubrik in diesem kunter=
bunten Durcheinander suchen soll. Um sie zu finden,
muß man erst gleichsam durch eine Schaubudengasse sich
durchschlagen, in der man von zwanzig Stellen gleich=
zeitig angebrüllt wird.

Daß die amerikanischen Zeitungen zuerst die fieber=
hafte Schnelligkeit der Berichterstattung in die Welt ge=
bracht haben und in ihr noch heute unübertroffen da=
stehen, mögen ihr andere danken. Ich meinesteils würde
gern darauf verzichten und bin altmodisch genug, nicht
einsehen zu können, was der Menschheit verloren ginge,
wenn sie die eingehende Schilderung eines Unglücks=
falles auf den Südseeinseln oder die abschließende

Charakteristik eines soeben verstorbenen großen Mannes erst vierundzwanzig Stunden später erhielte.

Glimpflicher hingegen denke ich über eine andere Erfindung der amerikanischen Presse; ich meine das Interview. Trotz allem läppischen Unfug, der damit getrieben wird, kann ich an und für sich kein Arg dabei finden, wenn der Journalist von irgend einem in der Öffentlichkeit stehenden Menschen einen persönlichen Eindruck zu gewinnen und wiederzugeben sucht, so unbequem dies auch für den Betroffenen oft sein mag. Auch die Momentphotographie liefert ja häufig ähnlichere Bilder als das Atelier mit seinen langen Vorbereitungen und peinlichen Schraubstöcken. Es kommt nur darauf an, wie die Camera gehandhabt wird; es kommt darauf an, ob Stümper oder Künstler in ihrem Fach das Geschäft ausüben. Ich hatte reichlich Gelegenheit, Vertreter beider Kategorien kennen zu lernen. Denn dem Interviewer entrinnt man in keiner amerikanischen Stadt. Mag man vor Tagesgrauen oder mitten in der Nacht eintreffen, er ist auf seinem Posten. Wenn man gar keine Zeit hat, für ihn muß man welche finden. Sagt man ihm, daß man sich wenigstens erst die Hände waschen muß, so wünscht er nichts sehnlicher, als diesem Vorgang beizuwohnen, und sagt man ihm, daß man todmüde ist, so bittet er sich wahrscheinlich die Erlaubnis aus, zuschauen zu dürfen, wie man einschläft. Denn selbst aus dem Schnarchen seines Opfers weiß er noch den Stoff zu einem packenden Artikel herauszuschlagen. In solcher Zähigkeit geben die Interviewerinnen ihren männlichen Kollegen nichts nach. Ich war manchmal noch bei der Morgentoilette, als eine Dame dringlich

Einlaß bei mir begehrte — im Namen ihrer Zeitung
natürlich.

In St. Louis wurde ich, von einer sehr ermüdenden
Reise mit mehrstündiger Verspätung heimkehrend, im
Hotel von zwei Vertretern der Presse erwartet. Erschöpft,
wie ich war, bat ich sie, in ihrer Gegenwart Tee trinken
zu dürfen. Sie setzten sich dazu, und besonders der eine
von ihnen machte sich, wie es schien, über unser Ge=
spräch sehr fleißige Notizen. Am nächsten Morgen ent=
deckte ich, daß dieser Mann der Zeichner des Blattes
gewesen war, und daß seine vermeintlichen Notizen darin
bestanden hatten, mich heimtückisch von verschiedenen
Seiten abzukonterfeien. St. Louis mußte eben um jeden
Preis nicht nur erfahren, wie ich über Amerika dachte,
sondern auch in effigie sehen, wie ich meinen Tee trank
und meinen Zwieback dazu kaute.

Das Bild des unwissenden Interviewers, wie Mark
Twain es einmal mit köstlicher Laune entworfen hat,
jenes plumpen Aushorchers, der seinen fertigen Frage=
bogen ableiert, ohne recht zu ahnen, wer ihm gegenüber=
sitzt, entspricht gewiß in vielen Fällen der Wirklichkeit.
Ein solcher Unglücksrabe beschwor mich sogar nach einem
Vortrag, den ich soeben in seiner Anwesenheit gehalten,
ihm doch um Gottes willen mit wenigen Worten zu
wiederholen, was ich mit vielen ausgeführt, damit er
darüber referieren könne. Umsomehr aber muß ich be=
tonen, daß ich unter den Interviewern von beiderlei
Geschlecht auch Leuten begegnet bin, die durch Takt,
Bildung und Geist ihr Metier zu adeln verstehen, die
in einem zwanglosen Geplauder nicht nur Frager, sondern
zugleich Anreger sind und ihren professionellen Zweck ver=

gessen machen, indem sie selbst ihn zu vergessen scheinen.
Von solchen Künstlern des Interviews habe ich oft
mindestens ebensoviel Interessantes erfahren, wie sie
von mir. Sie wissen, daß man in einem guten Gespräch
am ehesten produktiv wird, und sie besitzen die Gabe,
es zu führen. Wenn man will, ist in diesem Sinne
Sokrates der älteste und erste Interviewer gewesen.

Je mehr man in Amerika die hohe und feine Kultur
bei einzelnen und das ungestüme Verlangen nach ihr bei
der Gesamtheit aus eigener Anschauung schätzen lernt,
desto schwerer begreift man die große Lücke, die in dem
Geistesleben der Nation noch immer klafft: den Mangel
einer ausgebildeten heimischen Kunst. Zwar können die
Amerikaner in allen schönen Künsten auf einige berühmte
Namen von Toten oder Lebenden hinweisen, auf die
meisten in der Poesie und Malerei, auf die wenigsten
in der Skulptur und Musik; und doch wird kein Ein=
sichtiger drüben leugnen wollen, daß für die Überschrift
„Amerikanische Kunst" noch kein ausreichender Inhalt
vorhanden ist. Die Abhängigkeit von europäischen Vor=
bildern wäre an sich noch kein Vorwurf; denn auch in
Europa hat keine nationale Kunst sich isoliert entwickelt,
ist jede mehr oder minder von außen beeinflußt worden.
Aber zum Begriff einer nationalen Kunst gehören vor
allem die großen schöpferischen Individualitäten, die nur
in diesem einen Volk entstehen konnten und dennoch allen
Völkern etwas zu künden haben. Diese fehlen noch in
Amerika; es fehlt auch trotz allem Kunstsinn, trotz allen
Museen und Akademien noch der rechte Boden für ihre
Entfaltung.

Nichts wäre ungerechter, als das Verhältnis der

Amerikaner zur Kunst nach jenen reichgewordenen Ba=
nausen zu beurteilen, die auf dem europäischen Markt
von Altem und Neuem, Gutem und Schlechtem das
Teuerste zusammenkaufen; solche reichgewordene Ba=
nausen gibt es auch bei uns. Nein, man liebt und
pflegt die Kunst mit derselben rührenden Hingabe wie
die Wissenschaft; nur bleibt sie auch für die Gebildeten
gleichsam ein Märchenpalast, den sie von außen be=
trachten und bewundern, in dessen Fenster sie andächtig
hineinspähen, zu dessen Innerem sie aber noch keinen
Zugang finden. Vielleicht deshalb, weil sie auch in ihr
mehr einen interessanten Wissenszweig erblicken als eine
Lebensmacht; weil sie lernend sie zu erfassen streben,
statt von ihr erfaßt zu werden; weil sie zwar Kunstsinn,
aber keine Kunstnerven haben. Sie können auch hier
einen gewissen moralischen Utilitarismus nicht ganz ab=
schütteln; sie suchen auch hier wie überall eine, wenn=
gleich nur ideale Nutzanwendung. Bezeichnenderweise
wurde ich von Interviewern mehrmals nach meiner An=
sicht über den ethischen Endzweck der Kunst gefragt.
Ich antwortete mit der Gegenfrage: Was ist der ethische
Endzweck der Natur? Erbaut, beglückt, veredelt nicht
auch eine schöne Landschaft den Menschen, eben weil sie
schön ist? Haben die Niagarafälle eine Moral?

Bei dem Vorherrschen solcher Gesichtspunkte erklärt
es sich leicht, daß die Kunst dem Amerikaner da am
nächsten tritt, wo sie praktische Bedeutung für ihn ge=
winnt. Er versteht noch nicht recht, sein Leben mit ihr
zu schmücken, wohl aber sein Heim. Oft genug hatte
ich Anlaß, in Privathäusern oder in Klubs über den
außerordentlichen Geschmack der Einrichtung zu staunen.

Das Kunstgewerbe, bei uns die letzte späte Blüte am Zweig der modernen Kunst, behauptet in Amerika den Vorsprung. Fast will mir sogar scheinen, als habe der sogenannte Missionsstil der Möbel unserer sezessionistischen Innendekoration entscheidende Anregungen gegeben. Jedenfalls hat allein die angewandte Kunst, zumal in Erzeugnissen von so unbestritten hohem Rang, wie etwa die Gläser von Tiffany oder die Gefäße der Rookwood-Töpferei in Cincinnati es sind, an dem allgemeinen Aufschwung des Landes wahrhaft teilgenommen.

So kärglich dieses Resultat neben den ungeheuren Leistungen auf anderen Gebieten ausschaut, wer will es darum als endgültig hinstellen? Wer will sich so töricht übereilen, den Amerikanern tiefere künstlerische Begabung ein- für allemal abzusprechen? Sind sie doch samt und sonders europäischen Blutes, und warum sollten sie da drüben unwiederbringlich verloren haben, was die Völker, von denen sie abstammen, besaßen und noch besitzen? Aber sie sind Kolonisten, wenn auch längst nicht mehr im politischen, so doch im kulturellen Sinn. Sie brauchten Zeit dazu, den neuen Boden völlig zu erobern; sie brauchen jetzt, nachdem dies geschehen, weitere Zeit, mit ihm völlig zu verwachsen. Denn das Samenkorn der Kunst kann offenbar nur im Heimatboden gedeihen; dort sprießt sie entweder vor aller Kultur empor wie die schlichte Feldblume, oder als feinste Zierde einer langen Kultur wie die üppige Blume des Gartens; das eben erst urbar gemachte Ackerland, selbst wenn die Nahrungspflanzen ihr dort Raum gönnen wollen, sagt ihr nicht zu. Dies scheint der Grund, weshalb in Kolonien noch niemals eine Kunst erstanden ist.

Eine naive Volkskunst konnten die Amerikaner nicht hervorbringen, weil sie nicht die Urbevölkerung in ihrem Lande waren, und zu einer bewußten nationalen Kunst werden sie erst gelangen können, wenn das Gebilde der amerikanischen Nation, das heut noch in seinem Werde= prozeß begriffen ist, sich vollendet hat. Ihr Heimats= gefühl, das heute bei aller Innigkeit noch immer etwas Gewaltsames an sich trägt, muß erst eine Selbstverständ= lichkeit geworden sein, ehe es den klassischen künstlerischen Ausdruck finden kann. Bisher haben ja von ihren besten Malern und Dichtern verhältnismäßig nur wenige sich Motiven aus der heimatlichen Natur und Stoffen aus der heimatlichen Geschichte zugewandt. Der neue Kolum= bus muß unter ihnen erst erscheinen, der ihren Weltteil für die Kunst entdeckt.

Alles, was durch Geldmittel geschehen kann, das ge= schieht bereits. Man muß diese großherzige Liberalität anerkennen, wenn sie auch leichter Kunstschulen zu schaffen vermag als Künstler; denn nur wes das Herz voll ist, dafür fließt der Beutel über. Sie erleidet allerdings eine bemerkenswerte Ausnahme. Von dem Wetteifer der Behörden, Gemeinden und Privaten, künstlerische In= stitute zu stützen und künstlerische Bestrebungen zu fördern, bleibt eine Kunst ausgeschlossen: die dramatische. Daß gerade sie in den rechten Händen mehr als jede andere der Volksbildung dienen kann, hat man in Amerika noch nicht eingesehen. Auch die Aufgeklärtesten stehen dort, wie in England, noch immer, bewußt oder unbewußt, im Bann der alten puritanischen Feindseligkeit gegen das Theater, und wenn sie es auch nicht mehr wie ihre Vorväter als den Tummelplatz der Hölle betrachten, so halten sie es doch bestenfalls für eine Stätte profaner Erholung und Zerstreuung. Wunderlich genug, daß gerade die angelsächsische Rasse so niedrig von jener Kunst denkt, der sie den größten Meister aller Zeiten geschenkt hat. Das Theater ist in Amerika ganz auf sich selbst gestellt. Die Subventionierung einer Bühne, sei es durch die Kommune oder durch den Staat oder gar durch die Bundesregierung, gilt dort als ein utopischer Gedanke, und dieselben Nabobs, die für eine Bibliothek oder für ein Museum eine Million hergeben, ohne mit der Wimper zu zucken, hätten für ein ideales Bühnenunternehmen auch nicht einen Pfennig übrig.

Nicht als ob die heutige amerikanische Bühne materielle Not litte; im Gegenteil. Das Theatergeschäft floriert wie in keinem anderen Lande; die Schaulust des zahlungsfähigen und zahlungswilligen Publikums scheint allerorten unbegrenzt und unverwüstlich, und Newyork ist wohl die theaterreichste Stadt der Welt. Ausgabe- und Einnahmeetat rechnen mit Summen von schwindelerregender Höhe; nicht nur die Unternehmer, sondern auch beliebte Darsteller und Bühnenschriftsteller sammeln in kurzer Zeit Schätze, wie sie ihren deutschen Kollegen nicht einmal der Neid zuschreiben kann. Nur die Kunst geht vorläufig leer aus. Als ein ernsthaftes Kunstinstitut kann einzig die Newyorker Oper bezeichnet werden; aber als ein europäisches. Denn sie bringt in hervorragenden Aufführungen ausschließlich europäische Werke mit fast ausschließlich europäischen Kräften zu Gehör. Sie versorgt auch das ganze übrige Land mit regelmäßigen Gastspieltourneen, da sogar Millionenstädte wie Chicago

und Philadelphia zu einer selbständigen Oper sich noch
nicht aufgeschwungen haben.

Das Schauspiel dagegen steht bis jetzt auf einer
ziemlich niedrigen Stufe. Es bereitet durch prunkvolle
Ausstattung und immer sorgfältige, oft vorzügliche Dar=
stellung einen glänzenden Rahmen für einen meist recht
minderwertigen Inhalt. Obgleich Amerika noch keinen
dramatischen Dichter erzeugt hat, herrscht die einheimische
Produktion vor; ihre hauptsächliche Aufgabe beruht
darin, entweder in leichten Schwänken und Konversations=
lustspielen oder in Melodramen und Spektakelstücken
möglichst dankbare Rollen zu schreiben. Das ganze Ge=
biet der erotischen Probleme bleibt ihr durch die weit=
gehende Prüderie des amerikanischen Publikums versagt,
und mit psychologischer Vertiefung hält sie sich erst recht
nicht auf. Was in der modernen französischen Komödie
der Ehebruch ist, nämlich der Inbegriff alles Dramati=
schen, das ist in der amerikanischen der Revolver. Die
nervösen Damen, die bei uns ihren Parkettnachbar ängst=
lich zu fragen pflegen: „Es wird doch nicht geschossen?",
würden schon beim Anblick der riesenhaften Affichen,
die mit Vorliebe solche Höhepunkte theatralischer Mord=
lust veranschaulichen, in Ohnmacht fallen. Ab und zu
spielt man Shakespeare; aber man pflegt ihn nirgends
systematisch. Von den sonstigen Meisterwerken der Welt=
literatur weiß die amerikanische Bühne nichts, und von
dem Wertvollsten, was moderne europäische Dramatiker
geschaffen haben, weiß sie so gut wie nichts. Man spielt
natürlich nach, was in London gefallen hat; vereinzelt
erscheinen in Übersetzungen auch deutsche Stücke und kaum
häufiger französische, in usum Delphini ausgewählt.

Die kunstfeindliche Unsitte, allabendlich das gleiche
Stück zu spielen, bis seine Zugkraft erschöpft ist, hat
sich ja leider auch bei uns schon eingenistet; da drüben
aber hat sie eine geradezu haarsträubende Alleinherrschaft
erlangt. Erfolgreiche Stücke werden in Newyork jahre=
lang Tag für Tag heruntergeleiert, und dann zieht man
weitere Jahre lang mit ihnen im Land umher. Der be=
rühmte Schauspieler Jefferson hat sogar, wenn ich nicht
irre, Jahrzehnte hindurch immer nur ein und dieselbe
Rolle gespielt. Muß so dem darstellerischen Talent nicht
die Wandlungsfähigkeit, die sein Lebenselement bedeutet,
hoffnungslos verkümmert werden? Wird es so nicht
einfach zum Papagei herabgewürdigt? Womöglich noch
schädlicher wirkt jedoch dem Kunstzweck des Theaters das
Star=System entgegen, indem es durch alle erdenklichen
Kniffe eine einzelne Virtuosenleistung in den Mittelpunkt
des Interesses rückt und ihr nicht nur die übrige Dar=
stellung, sondern auch das dargestellte Werk gänzlich
unterordnet. „Ist eine Rolle für den Star darin?"
An dieser Frage prüft der amerikanische Bühnenleiter
jedes Stück und verwirft es, sobald sie verneint werden
muß. Demgemäß kündigt er auch auf dem Zettel nicht
das Stück als solches an, sondern meldet, daß er den
großgedruckten Star in der so und so betitelten klein=
gedruckten Komödie dem Publikum vorstellen wird. Ja,
was ich nicht glauben würde, wenn ich es nicht mit
eigenen Augen gesehen hätte: so oft nach dem Aktschluß
der Beifall die Darsteller vor die Rampe ruft, verbeugt
sich zwar der Star vor dem Publikum; alle übrigen Mit=
wirkenden aber verbeugen sich vor dem Star! Sie be=
zeigen der gefeierten Größe auf diese sinnige Art ihren

Dank für die Gunst, neben ihr auf den Brettern stehen
zu dürfen und durch ihre Wundertaten in den Hafen
des Erfolges gesteuert worden zu sein. Fehlt nur noch,
daß sie vor ihr unter bengalischer Beleuchtung auf die
Knie sinken.

Im übrigen ist mir bei meinen Theaterbesuchen
namentlich noch zweierlei aufgefallen. Erstens die äußeren
Vorzüge der Schauspielerinnen. Ich bezweifle, daß man
irgendwo in der Welt so viel blendende Frauenschönheit
beisammen sieht, wie auf amerikanischen Bühnen. Zwei=
tens die hochgradige Naivität der dramatischen Technik
und die ihr entsprechende Naivität des Publikums. Die
beneidenswerten amerikanischen Bühnenschriftsteller haben
es leicht; sie brauchen sich nicht über den technischen
Aufbau ihrer Stücke, über Exposition, Komposition und
Szenarium den Kopf zu zerbrechen. Sie dürfen ihre
Personen auftreten und abgehen lassen, wie es ihnen
paßt. Eine Motivierung, warum diese gerade jetzt er=
scheinen oder verschwinden, wird offenbar nicht verlangt;
sie sind eben plötzlich da, auch an Schauplätzen, wo sie
gar nichts zu suchen haben. Nach ihrem Abgang läßt
man die Szene unbedenklich einen Moment leer stehen,
bis von der anderen Seite ein neues Paar auftritt.
Seltsamerweise zeigt auch die Bühnenmaschinerie im
Lande der höchsten Maschinenvervollkommnung noch eine
primitive Rückständigkeit; die gewöhnlichsten Einrich=
tungen fehlen. Alles, was man in dieser Hinsicht nötig
hat, wird immer nur für die Bedürfnisse eines bestimmten
Stückes angefertigt. Schon deshalb wäre in den be=
stehenden Theatergebäuden ein wechselnder Spielplan
kaum durchzuführen.

Als ich in Newyork den Wunsch aussprach, ein für Amerika besonders charakteristisches Stück zu sehen, empfahl man mir „The girl of the golden West", ein Schauspiel, das der Direktor Velasco als sein eigener Hausdichter für sein Theater verfaßt hat. Es ist gewissermaßen ein Stück aus der vaterländischen Geschichte; denn es schildert das wilde Leben der kalifornischen Schatzgräber zur Zeit des großen Goldfiebers um die Mitte des vorigen Jahrhunderts. Landschaftsbilder, auf Zwischenvorhänge gemalt, und Volkslieder, während der Zwischenakte im Orchester gesungen, erhöhen die Stimmung; Inszenierung und Spiel sind schlechtweg musterhaft. Die Handlung aber scheint wie mit der Axt zugehauen, ohne nachglättenden Hobel. Das „Girl" — natürlich die Star-Rolle — ist eine Art Regimentstochter; nur daß ihr Regiment statt aus Kriegern aus nicht minder haarbuschigen und bärbeißigen Goldsuchern besteht, die sich von diesem einzigen weiblichen Geschöpf im Lager sämtlich um den Finger wickeln lassen. Alle lieben sie, alle schützen ihre unbeschützte Tugend; aber das junge Herz hat noch nicht gesprochen. Endlich spricht es, nicht für einen ihrer vielen Freunde, sondern für einen schönen Fremdling. Sie ahnt nicht, daß dieser Fremdling ein Missetäter ist, ein Dieb und Räuber, dem die Nemesis schon im Nacken sitzt. Der entscheidende Akt spielt in ihrer Hütte. Eben will sie ihr bescheidenes Lager aufsuchen, da stürzt der holde Bösewicht, durch einen Schuß schwer verwundet, herein und bittet sie, ihn vor seinen Verfolgern zu verbergen. Kaum hat sie Zeit, in dem Dachraum oberhalb der Zimmerdecke ihm ein Versteck anzuweisen, das er mit letzter Kraft mühsam

erklimmt. Denn der Sheriff, die Fährte witternd, fordert Einlaß und bringt die Spannung des Publikums
durch die Spannung eines fürchterlich großen Revolvers
— Format jener Zeit — auf den Gipfelpunkt. Wird
er ihn finden? Wird er ihn nicht finden? Es scheint
nicht. Schon will er, nachdem er jeden Winkel des
jungfräulichen Schlafgemaches rücksichtslos durchstöbert
hat, unverrichteter Dinge wieder abziehen. Aber was
geschieht da? Von der durchlässigen Balkendecke träufelt
das Blut des Angeschossenen herab. Der Sheriff hält
sein Taschentuch unter, und vor unseren Augen färbt
Tropfen auf Tropfen es purpurrot. Ha, nun hat er
ihn! Triumphierend holt er ihn herab; kein Zweifel
mehr, im nächsten Augenblick wird er dem Halbohnmäch-
tigen den Rest geben. Da flößt Gott in der höchsten
Not dem Mädchen einen rettenden Gedanken ein. Sie
weiß, daß der Sheriff ein leidenschaftlicher Spieler ist,
und schlägt ihm vor, mit ihr um das Leben des Geliebten zu spielen. An demselben Tisch, auf den der
wunde Mann bewußtlos zusammengebrochen sich stützt,
beginnt das aufregendste aller Hasardspiele, das — man
braucht es kaum noch zu sagen — zum Jubel des Publikums von der heldenmütigen Jungfrau gewonnen wird . . .

Man spricht jetzt in Amerika viel von einer Theater-
reform; wie überall, regt sich auch hier unter den Besseren
der Geist des Fortschrittes. Die Unternehmer freilich
stehen sich bei den heutigen Verhältnissen zu gut, um
solchen reformatorischen Ideen entgegenzukommen. Haben
sie doch sogar einen mächtigen Trust gebildet, der bereits
über die meisten Theatergebäude des Landes verfügt und
jeder unbequemen Konkurrenz die Tür verriegeln kann.

Sarah Bernhardt, die während meiner Anwesenheit auf einer Kunstreise durch den Westen begriffen war, sah sich deshalb an verschiedenen Orten genötigt, in einem Zelte zu spielen!

Umso begieriger muß man den Plan des kapitalkräftigen Konsortiums verfolgen, das den Newyorkern ein künstlerisches Nationaltheater zu schaffen sich anschickt. Diese Zukunftsbühne, deren Prachtbau demnächst in bevorzugter Lage begonnen werden wird, soll, mit allem modernen Rüstzeug versehen, unter Verzicht auf das Star-System in einem möglichst reichhaltigen Repertoire die besten Werke der heimischen und europäischen Produktion zur Aufführung bringen. Sie wird infolgedessen eine radikale Neuerung in der amerikanischen Theaterwelt bedeuten, und wesentlich von dem Gelingen dieses interessanten Experiments wird es abhängen, ob die Amerikaner in dem Aschenbrödel, als das ihnen die dramatische Muse bisher erschien, die Prinzessin entdecken werden. Hoffentlich wird ihnen dann auch ein nationales Drama beschieden sein, in dem das Blut des amerikanischen Lebens pulsiert, ohne von der Decke zu träufeln.

Die Frauen

In Europa gibt es wohl kaum eine Frau, die niemals gewünscht hätte, als Mann auf die Welt gekommen zu sein. In Amerika dagegen wird man vielleicht eines schönen Tages keinen Mann mehr finden, der nicht lieber als Frau geboren wäre. Wenigstens gilt für das weibliche Geschlecht unbedingt das bekannte Goethesche Wort: „Amerika, du hast es besser."

Von einer Vorherrschaft der Frauen kann man zwar nur im Sinne humoristischer Übertreibung reden, und jene Heißsporne in Unterröcken, die, wenn sie die Macht hätten, die inferiore Männerwelt ebenso wie die indianische Urbevölkerung samt und sonders in Reservationen verweisen würden, fallen dort wie hier der unfreiwilligen Komik anheim. Die zielgewisse Energie, mit der die Amerikanerinnen in die Schanzen männlicher Privilegien Bresche gelegt und die Gesetzgebung des Landes zu ihren Gunsten beeinflußt haben, könnte für sich allein ihre bevorzugte Stellung nicht sichern, wenn diese ihnen nicht von den Männern selbst bereitwillig eingeräumt würde. Schillers Mahnung: „Ehret die Frauen!", die bei uns oft mehr in der Theorie als in der Praxis, mehr mit Worten als mit Taten befolgt wird, hat der Ameri=

kaner, auch der ungebildete, nicht nötig. Ihm ist diese
Ehrbezeigung in Fleisch und Blut übergegangen; er übt
sie im täglichen Leben wie eine selbstverständliche, aber
darum nicht minder heilige Pflicht, und ein Frauen=
gewand flößt ihm denselben unfehlbaren instinktiven Re=
spekt ein, wie dem Deutschen eine Uniform.

Dieser Respekt wurzelt umso fester, weil er nicht auf
einem mystischen, sinnlich=übersinnlichen Kultus beruht,
sondern auf klarsachlicher Wertung und Würdigung.
Daß der amerikanische Mann vom Weibe so außer=
ordentlich hoch denkt, daran haben unzweifelhaft historische
Ursachen mitgewirkt. Nicht nur in den Zeiten der ersten
Besiedlung, sondern auch späterhin war das weibliche
Geschlecht sehr in der Minderheit, und selbst heute noch
übertrifft in den Vereinigten Staaten die Zahl der
Männer die der Frauen um mehr als eine Million,
während in Deutschland umgekehrt die Frauen um fast
eine Million vorwiegen. Seltenheit macht kostbar. Die
notgedrungene Ritterlichkeit, die in einer primitiven Ge=
sellschaft von wenigen weiblichen und vielen männlichen
Mitgliedern sich ausbilden mußte, hat sich fortgeerbt.

Schon auf der Straße wird dem europäischen Be=
obachter die größere Sicherheit und Bewegungsfreiheit
der Frauen in die Augen stechen. Sie sind auf männ=
lichen Schutz nicht angewiesen, da sie in jedem fremden
Mann einen Beschützer vermuten dürfen. Auch in ihrer
Toilette kennen sie nicht die Zurückhaltung, die von der
Furcht, aufzufallen oder gar herauszufordern, bei uns
ihnen auferlegt wird. In den größeren Städten, zumal
in Newyork, flanieren die Damen in Promenadekleidern,
die bei uns höchstens in einem eleganten Badeort mög=

lich wären, auf einer Großstadtstraße aber ihre Trä=
gerinnen zudringlichen Blicken, galanten Annäherungs=
versuchen, in Berlin auch höhnischen Zurufen aussetzen
würden. Während bei uns im Mittelpunkte des Ver=
kehrs jede alleingehende Dame, sofern sie einigermaßen
jung und hübsch ist, weder durch tadelloses Benehmen
noch durch scheue Eile davor behütet wird, von aben=
teuerlustigen Herren als Freiwild betrachtet zu werden,
und dabei nicht einmal auf den Schutz der Schutzmänner
mit Zuversicht rechnen darf, ist die Amerikanerin vor
jeder derartigen Belästigung gefeit. Sie wird nicht an=
gestarrt, sie wird nicht verfolgt, sie wird nie und nimmer
von einem Unbekannten angesprochen. Wehe dem Un=
verschämten, der dies dennoch wagen wollte. Das ge=
samte Publikum würde mit gelinder Lynchjustiz gegen
ihn Partei nehmen, und eine empfindliche Strafe würde
ihn vor Gericht erwarten.

Damen, die ohne jede Begleitung ihr Wägelchen
kutschieren oder ihr Automobil steuern, ebenso einzelne
Reiterinnen gehören zu den ganz alltäglichen Erschei=
nungen. In Buffalo sah ich ein junges Mädchen bar=
häuptig im Herrensitz allein durch den Park galoppieren
— ein Bild jugendkräftigen Amazonentums, das für
mich neu war, meinen Begleitern aber nicht im mindesten
auffiel.

In allen erdenklichen Situationen des Verkehrs wird
den Frauen eine Rücksicht zu teil, die unsere Kavaliers=
gepflogenheiten weit überbietet. Auch als Bekannter
grüßt man die Dame nicht zuerst; man hat auf ihren
Gruß zu warten. Als ihr Begleiter läßt man sie nicht
ein= für allemal rechts gehen wie in Deutschland oder

links wie in Frankreich, sondern stets auf der Innen=
seite des Bürgersteigs. Sämtliche besseren Hotels und
Restaurants haben einen eigenen Dameneingang. Für
die einzelne Dame ist also überall gesorgt. Wie es hin=
gegen unter Umständen dem einzelnen Herrn ergehen
kann, mußte ich auf drastische Weise erfahren.

In dem großen Wintergarten des „Hotel Astor“ war
Nachmittagstee mit Musik. Ein Blick, den ich von der
Halle aus hineinwarf, überzeugte mich, daß eine sehr
elegante Gesellschaft den prächtigen Raum füllte. Ich
sagte mir also: Da wirst du auch deinen Tee trinken,
und setzte mich diesem begreiflichen Entschluß gemäß mit
aller Harmlosigkeit in Bewegung. Wer aber beschreibt
mein Befremden, als mir an der Pforte von dem dort
aufgepflanzten Cerberus ein gebieterisches Halt zugerufen
wurde! Zuerst dachte ich, es handle sich um das Ein=
trittsgeld. Nichts da, der Eintritt war frei; nur ich
mußte draußen bleiben. Eine unwillkürlich von mir an=
gestellte Nachprüfung meiner äußeren Erscheinung ergab
nichts, was mich als minderwertig oder verdächtig hätte
signalisieren können. Erst ein kurzes Zwiegespräch mit
dem Cerberus brachte mir des Rätsels Lösung. Ich
durfte nicht hinein, weil ich ein Herr ohne Damen=
begleitung war. Als solcher gehörte ich ins Herrencafé.
In diese heiligen Hallen aber hatten nur Damen Zutritt
oder Herren, die von Damen mitgenommen wurden.
Es blieb mir also nichts übrig, als wie ein begossener
Pudel ins Herrencafé abzuziehen, wo ich es lange nicht so
hübsch fand, und darüber nachzudenken, daß mir in Europa
etwas Ähnliches nur passieren könnte, wenn ich statt eines
alleinstehenden Herrn eine alleinstehende Dame wäre.

Schon diese Tatsachen des äußeren Lebens würden
das stärkere Selbstgefühl erklären, das der Amerikanerin
im Vergleich zu ihren europäischen Schwestern innewohnt.
Unverkennbar trägt aber auch die „Koedukation" viel
dazu bei, sie der demütigen Unterordnung unter den
Herrn der Schöpfung zu entwöhnen. Wie könnte sie
an seine fabelhafte Überlegenheit glauben und ihn zeit=
lebens als ihren geistigen Vormund betrachten, wenn
dieser mythische Glanz schon auf der Schulbank zerstört
wird! Kundige versichern, daß die Mädchen durchschnitt=
lich besser lernen als die Knaben; erst da, wo bei selb=
ständigen Studien nicht so sehr eifriges Auffassen und
Aneignen wie originale Produktivität in Frage kommt,
gewinnt das männliche Element dem weiblichen den Vor=
sprung wieder ab. Auf allen Mittelstufen also darf
sich die Jungfrau dem Jüngling mit Recht ebenbürtig,
zuweilen sogar überlegen fühlen, und sie macht von
diesem Rechte Gebrauch. Daher wird man unter den
Amerikanerinnen schwerlich ein Gretchen finden, das, be=
schämt dastehend, ausruft: „Du lieber Gott! Was so
ein Mann nicht alles, alles denken kann!" Viel eher
eine oder die andere, die wie Faust im stillen seufzt:
„Habe nun, ach, Philosophie . . ."

Auch hierbei handelt es sich aber nicht etwa um
einen Kampf. Nicht wie bei uns pocht der Mann auf
seine tausendjährigen Vorrechte und läßt sie sich nur
unwillig aus der Hand winden. Nein, die ameri=
kanischen Männer sind es durchaus zufrieden, daß die
Frauen ihnen mit dem selbstherrlichen Anspruch auf
Gleichberechtigung entgegentreten; sie verlangen keinen
Aufblick zu ihrer Manneshoheit; sie werden durch das

geistige Unabhängigkeitsbewußtsein ihrer Gattinnen nicht
bedrückt; ja sie erblicken sogar in diesem ebenmäßigen
Verhältnis der Geschlechter, das weder den einen noch
den andern Teil auf einen Sockel stellt und nur natürliche,
nicht künstliche Ungleichheiten gelten läßt, einen erheblichen
Vorzug des amerikanischen Lebens vor dem europäischen.
Sie finden, daß die Frau sich umso besser zur Gefährtin
eines ernsten Mannes eignet, je gebildeter sie ist und
einen je höheren menschlichen Wert sie in sich selber trägt.

Es versteht sich von selbst, daß, wie überall, so auch
in Amerika die allgemeine Stellung der Frauen auf die
sittlichen Zustände und Anschauungen einen bestimmen=
den Einfluß übt. Auch als Hüterinnen und Richterinnen
der Sitte sind die Frauen dort mächtiger als bei uns,
und ihrem Walten muß man es zuschreiben, wenn
manches auf diesem Gebiete dort besser ist, manches auch
allerdings nur besser scheint. Ohne jede Frage ist das
Jugendleben reiner, der Ehebruch, schon infolge der be=
quemen Scheidungsgesetze, seltener, der Ton der Männer
unter sich freier von Frivolität. Ohne jede Frage ge=
wahrt man in den Straßen der dortigen Großstädte
weniger vom Laster als in denen der unsrigen. Nur
wäre hier der Schluß von dem, was man gewahrt, auf
das, was besteht, sehr unzuverlässig. Eine geistvolle
Dame rühmte mir, als ich in ihrem Hause zu Gast war,
die Höhe der amerikanischen Moralität; aber auf dem
Heimweg sagte mir ihr Bruder, ein Junggeselle: „Das
Urteil meiner Schwester ist zu günstig; denn wie es
wirklich zugeht, weiß sie nicht." Und zu den Frauen,
die nicht alles wissen, kommen die andern, die nicht alles
wissen wollen, die absichtlich beide Augen zudrücken.

Was ihnen widerstrebt, soll nicht vorhanden sein, soll jedenfalls nicht ausgesprochen, nicht erörtert werden. So entsteht jene auf die Spitze getriebene Prüderie, die mir in ihrem auch die Männerwelt unterwerfenden Despo- tismus einer der unerfreulichsten Züge des amerikanischen Lebens scheint. Denn sie wird stets von der Heuchelei unzertrennlich, oder richtiger, mit ihr gleichbedeutend sein. Heuchelei, schlimme Heuchelei ist es ja bereits, wenn man die öffentliche Diskussion einer so gewaltigen und verhängnisvollen Lebensmacht wie die Erotik unter- drückt, sie sogar in den künstlerischen Formen der Literatur und Bühne nicht duldet.

Daß dieser Despotismus nicht mit sich spaßen läßt, mußte unter anderen auch Maxim Gorki spüren, als er während meiner Anwesenheit in Newyork aus dem un- freiesten Lande in das freieste kam. Ich war Zeuge der lebhaften Debatten über die eigentümlichen, den Zeitungs- lesern wohl noch erinnerlichen Vorgänge, die seiner An- kunft folgten. Man bereitete dem russischen Dichter und Volksapostel einen überaus herzlichen Empfang; nicht nur seine Landsleute, sondern auch die Amerikaner schienen ihn auf Händen tragen zu wollen. Da, nach wenigen Tagen, wurde es plötzlich ruchbar, daß seine sympathische Begleiterin nicht, wie man bisher ange- nommen, seine legitime Frau, sondern seine Freundin war. Mit einem Schlage veränderte sich das Bild voll- kommen. Die Komitees, die ihn zu feiern gedachten, gaben ihre Absicht auf; die begeisterten Verehrer, die ihn umringt hatten, zogen sich von ihm zurück; er sah sich wie ein ansteckender Kranker gemieden und wurde, genau wie ein solcher, aus mehreren Hotels ausgewiesen.

Ich muß es zur Ehre meiner aufgeklärten amerikanischen
Freunde sagen, daß sie dieses Vorgehen nicht billigten;
aber auch sie konnten nicht umhin, zu betonen, Gorkis
Verhalten bekunde eine hochgradige Unkenntnis der
herrschenden Landessitten, und gegen den Strom sei
nun einmal nicht zu schwimmen. Hatte es doch der
ahnungslose Poet nur dem Irrtum zu danken, der hin=
sichtlich des Zivilstandes seiner Reisegefährtin anfänglich
obwaltete, daß er überhaupt den amerikanischen Boden
hatte betreten dürfen. Denn das Einwanderungsgesetz
verbietet nichtgetrauten Paaren, die in nachweislicher
intimer Beziehung leben, die Landung. Solche Paare
haben daher nur die Wahl, entweder unmittelbar bei
der Statue der Freiheit den Rückweg nach dem sündigen
Europa anzutreten oder unter dem scharfen Auge der
Hafenbehörden schleunige Hochzeit zu feiern. So würde
es demnach auch einem gewissen weimarischen Geheimrat
und Staatsminister ergehen, falls er, aus Elysium zu=
rückkehrend, in Begleitung von Christiane Vulpius den
Vereinigten Staaten einen Besuch abzustatten gedächte.
Es würde ihm nicht einmal etwas helfen, wenn
er den gestrengen Wächtern der neuweltlichen Moral
als Legitimation die „Römischen Elegien“ vorläse; sie
würden auf ihrem Schein, dem Trauschein, bestehen.
Denn was in dem kleinen Weimar vor hundert Jahren
gestattet war, das ist heute in dem großen Amerika
unerlaubt. Die wirkliche Unmoralität wird von solchen
drakonischen Vorkehrungen schwerlich getroffen; sie findet
immer Schleichwege genug, ihnen zu entschlüpfen. Die
Gewissensehe aber grundsätzlich verdammen zu wollen,
scheint mir eines freien Landes und Volkes unwürdig.

Daß die Bedingungen des äußeren und inneren
Lebens für die amerikanische Frau anders und vielfach
günstiger liegen als für die europäische, ließ sich leicht
feststellen. Doch wenngleich der Mensch sich nach den
Lebensbedingungen modelt und diese, je verschiedener sie
sind, ein umso stärkeres Auseinandergehen der Typen
bewirken, so wird das Urteil nicht vorsichtig genug sein
können, sobald ein allgemeiner Typus der Amerikanerin
in besonderen charakteristischen Merkmalen umrissen werden soll. Die Klippe der Oberflächlichkeit ist nie schwerer
zu vermeiden, als wenn es gilt, viele Millionen von
Individuen mittels Eigenschaftsworten unter einen Hut
zu bringen. Die Frage: „Wie denken Sie über die
Amerikanerin?" fordert die Gegenfrage heraus: „Über
welche?"

Nur so viel läßt sich vorweg behaupten: Die Vorstellungen, die man bei uns gemeinhin über die amerikanischen Frauen verbreitet findet, entsprechen nicht der
Wahrheit. Diese Vorstellungen werden ja auch nur
aus dem Bereich einer bestimmten, engbegrenzten Klasse,
nämlich der in Europa reisenden oder sich aufhalten-
den Amerikanerinnen geschöpft. Das danach festgelegte
Signalement lautet etwa auf eine sehr prätentiöse, sehr
vergnügungssüchtige, sehr äußerliche Weltdame, die mit
Kleidern und Juwelen einen maßlosen Luxus treibt,
die Anbetung ihres Ehesklaven, der ihr all diesen Tand
im Schweiße seines Angesichts erarbeiten muß, dadurch
belohnend, daß sie in aller Herren Ländern herumflirtet.
Ja, in ihr erblickt man mit einem aus Bewunderung
und Entrüstung gemischten Gefühl die eigentliche Er-
finderin und Meisterin des Flirt, jener Satanskunst, die

noch leichter auszuüben als zu definieren ist, jener mit
raffinierter Strategie durchgeführten erotischen Vorposten=
plänkelei, die den Gegner immer im Schach zu halten
weiß, aber keine Schlacht von ihm annimmt. Unstreitig,
dieser Typus existiert in Amerika; aber nicht dort aus=
schließlich. Wer nach ihm die Amerikanerinnen beurtei=
len will, der tut dasselbe, als wollte er das Paradigma
für die europäische Weiblichkeit unseren eigenen inter=
nationalen Weltdamen entlehnen. Die ungeheure Mehr=
heit der amerikanischen Frauen hat einen ganz anderen
Lebensinhalt als diese eleganten Nomadinnen; sie hat
ihn schon deshalb, weil ihre Mittel nicht ausreichen
würden, lediglich mit vergoldeten tauben Nüssen zu
spielen. Sie trifft man auch seltener unterwegs; um
sie kennen und schätzen zu lernen, muß man sie innerhalb
ihres Landes, innerhalb ihres Wirkungskreises aufsuchen.

Auch dann wird natürlich jeder nur mit seinen Augen
sehen können, je nachdem diese beschaffen sind, und soweit
sie reichen. Die französische Schriftstellerin Th. Bentzon
hat beispielsweise das außerordentlich mannigfaltige Ma=
terial, das sie in ihrem sehr lesenswerten Buche „Les
Américaines chez elles“ liebevoll zusammengetragen, mit
französischen Augen gesehen. Sind doch von den Frauen,
die sie schildert, die Frauen Frankreichs durch eine weitere
Kluft getrennt als die anderer Kulturländer, und über
diese Kluft kommt sie nicht ganz hinweg. Zwischen den
Zeilen glaubt man öfters ein leises Kopfschütteln zu ge=
wahren, nicht der Mißbilligung, nur der Verwunderung.
Sie besitzt für die großartigen Leistungen der Ameri=
kanerinnen jenes naive Befremden, das die Franzosen
ausländischen Verhältnissen gegenüber nie völlig ab=

streifen; aber sie verfolgt doch in ihrer Darstellung eine
ähnliche Tendenz wie Tacitus, als er in seiner Germania
den Römern zu Gemüte führte, wie viel Gutes in der
außerrömischen Welt möglich sei. Sie möchte nicht, daß
die Französinnen Amerikanerinnen werden, und doch
möchte sie, daß sie von ihnen lernen.

Darf man von einem fast durchweg hervortretenden
Zuge sprechen, durch den die Amerikanerin sich am meisten
nicht nur von der Französin, sondern auch von der
Deutschen scheidet, so ist es jedenfalls der aus ihrem
Selbstgefühl entspringende Selbständigkeitsdrang, der
auch vor dem geliebten Manne nicht kapituliert. Sie
will zunächst und vor allem ein Wesen für sich sein, ein
Fixstern mit eigenem Lichtquell, nicht ein Mond, der sich
von der männlichen Sonne sein Licht erst borgen muß.
Die Heirat hat daher in ihrem Leben nicht dieselbe fun=
damentale Bedeutung wie in dem der Europäerin, und
nicht in demselben Grade wie auf diese wirkt die Ehe=
losigkeit auf sie als Schreckgespenst. Jedenfalls ist die
Ehe, so wenig sie ihr auch ausweicht, nicht das Ziel,
dem sie von Anfang an systematisch zusteuert, auf das
sie dressiert wird oder sich selbst dressiert. Sie wünscht
wohl, daß der Mann ihr draußen im Leben begegne;
aber sie wartet nicht auf ihn. Das junge Mädchen, das
dasitzt, bis einer kommt, kennt man drüben nicht. Auch
verheiratet, gibt sie ihr Sonderwesen nicht auf; sie hat
ihr Lebensterritorium mit dem des Mannes durch ein
festes Bündnis verkettet; aber sie läßt es nicht von ihm
annektieren. Sie will den Mann umschlingen, weil sie
ihn liebt, nicht ihn umklammern, weil sie seiner als Stütze
bedarf. Sie läuft nicht Gefahr, den Mittelpunkt eines

„Puppenheims" zu bilden; denn was Nora erst am Schlusse des dritten Aktes tun will, sich selbst zu einem Menschen erziehen, das hat sie schon vor der Ehe besorgt.

Man hat ihr nachgesagt, sie sei keine gute Hausfrau. In manchem Heim hatte ich als Gast wohltuende Gelegenheit, mich vom Gegenteil zu überzeugen. Im ganzen Mittelstand würde schon die Dienstbotennot die Abwälzung oder Vernachlässigung häuslicher Pflichten verbieten. Es kommt gar nicht selten vor, daß Damen der besten Kreise sich überhaupt ohne Bedienung behelfen müssen. Die feingebildete Gattin eines Universitätsprofessors, an dessen wirtlichem Tisch ich saß, kocht alle Mahlzeiten selbst, da sie nur über eine schwarze Aufwärterin verfügt, und ich stelle ihr nach der genossenen Probe das Zeugnis aus, daß sie gut kocht. Eines ist freilich richtig: Die Amerikanerinnen betrachten die Führung des Haushaltes nicht als einen Beruf für sich; sie gehen nicht darin auf und wollen nicht darin aufgehen. Sie sind nicht Hausfrauen aus Passion, und nichts liegt ihnen ferner als die Kleinlichkeit, die den Krimskrams solcher notwendigen Hantierungen zu wichtigen Staatsaktionen aufbauscht. Sie haben keine Lust, ihre ganze Zeit davon in Beschlag nehmen zu lassen, und darum begrüßen sie dankbar jede Erfindung und Einrichtung, die ihnen das Haushaltungsgeschäft vereinfacht. Nur ein verhältnismäßig kleiner Teil zieht den völligen Verzicht auf einen eigenen Herd und das Tischleindeckdich des Boardinghouse vor.

In dem Lande der sinnreichsten Arbeitsorganisation und der dadurch erlangten Krafterspanis muß es den

Frauen eben mehr als anderwärts zum Bewußtsein
kommen, daß gerade die häusliche Arbeit aus den un=
geheuren Errungenschaften der Technik bisher den ge=
ringsten Vorteil gezogen hat und auf einer verhältnis=
mäßig patriarchalischen Stufe zurückgeblieben ist. Durch
das auffällige Mißverhältnis zwischen Kraftaufwand und
Arbeitsergebnis wird ihnen das Haushalten verleidet,
keineswegs aber durch Bequemlichkeit. Denn nirgends
in der Welt wird die Arbeit, schon um ihrer selbst willen,
auch vom weiblichen Geschlecht höher veranschlagt, nir=
gends durchgängiger als der eigentliche Sinn und Kern
des Daseins aufgefaßt. Die amerikanische Frau will
um keinen Preis eine Drohne sein; sie will sich betätigen,
will mitschaffen am vielgestaltigen Werke der Nation
und der Menschheit, und dieser elementare Drang hat
mindestens ebensosehr wie die wirtschaftliche Notwendig=
keit sie ins Berufsleben hinausgetrieben. Sie hat damit
einen kulturgeschichtlichen Umschwung eingeleitet, dessen
Tragweite wir heute noch gar nicht ermessen können, und
den zu bespötteln das nachhinkende Europa inzwischen
verlernt hat. Vor fünfundzwanzig Jahren sprach man
bei uns von amerikanischen Ärztinnen ungefähr in dem=
selben Ton, in dem man sich im Mittelalter von drei=
beinigen Fabelwesen unterhielt; jetzt denkt man nicht
mehr daran, den Frauen das Recht zur Ausübung solcher
Berufe streitig zu machen, in denen sie sich tüchtig er=
weisen, sondern zieht es vor, die Gefahren der weib=
lichen Konkurrenz zu erörtern. Man vergesse aber nicht,
daß die Amerikanerinnen dieses Neuland für die übrige
Welt entdeckt haben und seine Pioniere geblieben sind.
Man vergesse nicht, was es bedeutet, tausendjährige

Schranken durch Tat und Beispiel in wenigen Genera=
tionen fortgeräumt zu haben.

Die Zahl der im Erwerbsleben stehenden Frauen in
den Vereinigten Staaten wird von Münsterberg (in
seinem Werk „Die Amerikaner") auf 5 1/3 Millionen an=
gegeben, das heißt auf mehr als ein Achtel der gesamten
weiblichen Bevölkerung. Es gibt dort überhaupt keinen
Beruf mehr, den militärischen ausgenommen, der nicht
von Frauen ausgeübt würde — von der Predigerin
bis zur Lokomotivführerin und professionellen Jägerin.
Der Unterricht, und zwar nicht nur in den Volksschulen,
neigt sogar merklich dazu hin, ein weibliches Monopol
zu werden; denn die Lehrerschaft der Union besteht schon
heute zu drei Vierteln aus Frauen. In verschiedenen
der von mir besuchten Universitätsbüchereien machte ich
die Bekanntschaft von Bibliothekarinnen. Ganz zu ge=
schweigen von der Belletristik, die, wie es scheint, auch bei
uns bald die Männer nichts mehr angehen wird, da
diese im Begriffe sind, nicht nur das Schreiben, sondern
auch das Lesen von Romanen ausschließlich den Frauen
zu überlassen.

Aber nicht allein in der Erwerbsarbeit äußert sich
der Betätigungsdrang der Amerikanerinnen; auf dem
weiten Felde freiwilligen Wirkens für ideale Zwecke tut
er sich nicht minder achtunggebietend hervor. Alle hu=
manitären, sozialen, literarischen, wissenschaftlichen und
künstlerischen Bestrebungen werden von ihrem Interesse
getragen und von ihrer Regsamkeit gelenkt. Der ameri=
kanische Durchschnittsmann, dem seine aufreibenden ge=
schäftlichen Unternehmungen wenig Muße lassen, verehrt
in den Frauen nicht nur das schöne Geschlecht, sondern

auch die Priesterinnen des Schönen, und während er
das Ressort des Äußern und der Finanzen verwaltet,
überläßt er seiner Gattin das Ministerium für Geist.
Ja, sein Respekt vor der Weiblichkeit wird gerade da=
durch noch erhöht, daß er in ihr alle die ideellen Lebens=
mächte verkörpert sieht, die er achtet und anerkennt, aber
selbst zu pflegen die Zeit nicht findet.

Mittelpunkte solcher Pflege sind die Frauenklubs,
deren man mehr als dreihundert über das ganze Land
verbreitet trifft. Sie dienen nicht nur der Geselligkeit,
sie schulen ihre Mitglieder für die verschiedensten Zweige
öffentlicher Betätigung und bieten ihnen zu dieser mannig=
fache Gelegenheit. Oder sie stellen auch eine Art von
freier Akademie vor, die in Vorträgen und Debatten den
Ideenkreis zu erweitern strebt. In einer solchen Ver=
einigung zu Milwaukee hörte ich eine Dame einen klaren
und anschaulichen Vortrag über Ägypten halten. Der
vornehmste Frauenklub von Chicago, der Fortnightly,
gewöhnlich für Herren unzugänglich, veranstaltete in
seinen prachtvollen Räumen mir zu Ehren eine besondere
Sitzung, in der eine Dame sich mit frappierender Sach=
kenntnis und feinsinnigem Urteil über das moderne
deutsche Drama verbreitete. An ihre Rede schloß sich
eine allgemeine Diskussion; mehrere von den paar hun=
dert anwesenden Frauen beteiligten sich daran mit Leb=
haftigkeit, ja sogar mit Leidenschaftlichkeit. Auch ich
mußte, nachdem die Vorsitzende mich in würdiger und
feierlicher Form begrüßt hatte, zuletzt mein Sprüchlein
aufsagen und fand für alles, was ich vorzubringen hatte,
einen wohlgepflügten Acker.

Was hier in den oberen Gesellschaftskreisen geschieht,

davon lassen die Frauen bescheidenerer Klassen sich nicht
beschämen. So haben zum Beispiel die Verkäuferinnen
eines großen Basars in Boston ihren eigenen Fort-
bildungsverein, in dem sie regelmäßigen wissenschaftlichen
Vorträgen lauschen. Andere Ziele verfolgt der Womans
Club zu Chicago, dessen umfassende und segensreiche
soziale Hilfstätigkeit in dem Bentzonschen Buche ausführ-
lich geschildert ist. Eines der interessantesten Kapitel
dieses Buches behandelt, beiläufig bemerkt, das Frauen-
gefängnis zu Sherborn bei Boston. Von seiner kürzlich
verstorbenen Vorsteherin Mrs. Johnson zu einer humani-
tären Musteranstalt erhoben, steht es noch heute unter
der Obhut von ausschließlich weiblichen Beamten und
Wärtern. Was seitens der Frauen für Mädchenheime,
Armenhäuser, Hospitäler und andere gemeinnützige In-
stitute in Organisation, Verwaltung und aufopferndem
persönlichem Dienste geleistet wird, das kann ich im
Rahmen dieser Betrachtungen nur andeuten, zumal es
über das Gebiet meiner eigenen Anschauung weit hinaus-
greift.

So viel aber hat der gesellige Verkehr mir immer
aufs neue bestätigt, daß der Eindruck der Großzügigkeit,
den man vom amerikanischen Leben mit fortnimmt, zum
guten Teil auf Rechnung der Amerikanerinnen zu schreiben
ist. Nicht spießbürgerliche Enge begrenzt ihren Horizont,
und ihre vielseitigen Interessen gehen zielsicher auf das
unmittelbar Praktische. Man begegnet bei ihnen weder
nebelhafter Sentimentalität, noch farbloser Schöngeisterei,
und gänzlich fremd scheint ihnen jenes weibliche Bildungs-
philisterium zu sein, das lediglich Konversation machen
will über Dinge, zu denen es gar keine inneren Be-

ziehungen hat. Ihre Teilnahme und Begeisterung setzt
sich gern rührig zufassend in Taten um und empfängt
dann von diesen wieder einen konkreten Gehalt. Erstaun=
lich ist ihre Gewandtheit im Ausdruck ihrer Gedanken,
einerlei, ob es sich um ein Privatgespräch oder eine öffent=
liche Rede handelt; denn das Hervortreten an die Öffent=
lichkeit, für sie und für ihr Publikum etwas Gewöhnliches,
kostet sie keine Überwindung und beeinträchtigt nicht ihre
unbefangene Ruhe. Nichts wäre unbegründeter als die
Furcht, daß sie sich zu einem dritten Geschlecht entwickeln
könnten; gerade weil ihr Vormarsch in der Richtung auf
eine neue Weiblichkeit keine Hemmungen erfahren hat,
darum haben sie von der Weiblichkeit im alten Sinne
nichts opfern und nichts vernachlässigen müssen. Sie
verstehen sich mit ausgesuchtem Geschmack zu kleiden und
ihre gesunde Schönheit durch Sport und sorgsamste
Körperpflege zu steigern.

Welche Überraschungen der Ehrgeiz, die Tüchtigkeit
und die Begabung der amerikanischen Frauen der Welt
noch bereiten wird, läßt sich nicht absehen. Mancherlei
spricht jedoch dafür, daß ihre Klugheit ihnen die Zügel
freiwilliger Beschränkung auferlegen wird. Wenigstens
scheint die Frage, die vor noch nicht langer Zeit die
weiblichen Gemüter drüben in stürmische Wallungen ver=
setzte, augenblicklich auf einen toten Punkt gelangt: die
Frage des Frauenstimmrechtes. Unzweifelhaft könnten
die Amerikanerinnen diese Forderung, die bekanntlich von
einigen westlichen Staaten bereits erfüllt worden ist, im
ganzen Reiche mit nicht allzugroßer Mühe durchsetzen,
wenn sie mit Einmütigkeit auf ihr beständen. Aber
gerade unter ihren angesehensten Wortführerinnen sind

viele, die den Eintritt der Frauen in die politische
Aktivität für bedenklich oder doch für verfrüht halten
würden. Der Vorzug, auf einer höheren Warte zu stehen
als auf den Zinnen der Partei, dünkt ihnen zu wichtig,
um ihn leichtherzig preiszugeben, und auf dem weiten
Wirkungsfelde, das schon jetzt offen vor ihnen liegt, er=
blicken sie vorderhand Aufgaben genug für die weibliche
Initiative.

Noch ist die Stunde nicht gekommen, um endgültig
zu orakeln, was die Frauen vermögen und was nicht.
Erst wenn sie jahrhundertelang ihre Kräfte in freiem
Wettbewerb mit denen der Männer gemessen haben
werden, wird ein untrügliches Urteil über die unverrück=
baren Grenzen ihrer Natur gefällt werden können. Nur
eines darf wohl schon heute als erwiesen gelten: die
schöpferische Originalität, die ohne Beihilfe bereits ge=
tretener Spuren einen völlig neuen Pfad bricht, scheint
dem männlichen Geschlechte vorbehalten. Dafür aber
hat die Frau den feineren Instinkt für den Verlauf des
einen großen Weges, den die Menschheit zu wandeln
hat, für die Heerstraße zum Endziel, in die alle jene
neuen Pfade zuletzt wieder einmünden müssen. Oder,
um ein anderes Bild zu gebrauchen, der Mann sitzt am
Steuer des Menschheitsschiffes, die Frau aber ist der
Kompaß. Sie gibt unbeirrbar die Hauptrichtung an.

Hier liegt auch die Zukunftsmission der amerikanischen
Frauen. Daß sie ihrer bewußt und für sie befähigt sind,
haben sie gezeigt. In den verschiedenartigsten Berufen
halten sie die Fahne der Menschlichkeit aufrecht, und als
tapfere Soldaten der Zivilisation helfen sie einen ver=
wandelten Militarismus herbeiführen, von dem sie nicht

mehr ausgeschlossen sind. Denn in dem einzigen Kriege, den eine kommende Zeit als berechtigt gelten lassen wird, in dem Kriege gegen die blinden Mächte der Natur, gegen Krankheit und Laster und Not, haben sie schon jetzt sich unverwelkliche Lorbeeren erworben, und unter ihren besten Kämpferinnen verdient manche den Rang eines kommandierenden Generals.

Klima und Natur

Die Sonne schien am Tage meiner Ankunft in Amerika, und sie schien am Tage meiner Abreise; sie hat während meines ganzen Aufenthaltes, der in die nicht gerade günstige Jahreszeit von der zweiten Hälfte Februar bis Ende April fiel, sich immer nur auf kurze Zeit vor mir versteckt. Obwohl ich die eigentlichen Sonnenländer der Union im Süden und an der pazifischen Küste nicht betreten habe, so ließ mir das lebenspendende Tagesgestirn doch keinen Zweifel, daß es bei seinen nordamerikanischen Spaziergängen durchschnittlich besserer Laune zu sein pflegt als bei seinen mitteleuropäischen. Mehr Licht! Diesem Sehnsuchtsruf aller Kreatur kommt der Himmel der Neuen Welt mit freigebiger Huld entgegen. Er vermummt sich seltener in das eintönige bleierne Grau, das er bei uns oft wochenlang zur Schau trägt und dann auch allen irdischen Dingen wie ein Büßergewand überwirft; auch macht er nicht wie gewisse Maler mit unentschiedenen matten Halbtönen aus der Not eine Tugend. Er ist ein Kolorist von Gottes Gnaden; sein Blau ist richtig blau; er verleiht den Farben der Landschaft ihren Vollwert und taucht sie in jene funkelnde, vibrierende Lichtfülle, die wir daheim jenseits der Alpen suchen gehen müssen.

Die Vereinigten Staaten sind ja im Vergleich mit Mitteleuropa ein südliches Land; man braucht nur zu bedenken, daß Boston, dort schon eine Stadt des Nordens, ungefähr in der Breite von Rom, Washington in der Breite von Palermo liegt. Dennoch ähnelt das Klima in dem weiten Gebiete, das bis zu den Felsengebirgen und bis zu den subtropischen Landesteilen sich erstreckt, mehr dem mitteleuropäischen, nur daß der Sommer heißer, der Winter rauher und länger ist. Diese stärkeren Temperaturgegensätze machen sich aber nicht nur im Wechsel der Jahreszeiten, sondern häufig ebenso in plötzlichen Umschlägen fühlbar. So ging ich beispielsweise zu St. Louis den einen Tag bei schneidender Schneeluft im Pelz, während mir am nächsten eine drückende Treibhausschwüle den einfachen Rock fast zu schwer werden ließ. Auf solche wilden Sprünge des Thermometers muß man drüben immer gefaßt sein, bis die sengende Sommerhitze einsetzt. Denn in unserem vielbesungenen holden Lenz haben wir eines der wenigen Privilegien, die uns von den Amerikanern nicht bestritten werden können. Nicht in jenen zarten Übergängen und allmählichen Steigerungen wie bei uns erwacht die Natur bei ihnen aus dem Winterschlaf; der Frühling erweckt sie mit einem jähen Ruck als ungestümer Brautwerber des Sommers und tritt dann sogleich diesem die Herrschaft ab. Vor allem aber kommt er spät. Das erste Grün sah ich gegen Mitte April in Washington, während in dem nördlicheren Newyork um dieselbe Zeit die Bäume noch völlig kahl standen und erst Ende des Monats so eilig, als ob sie um jeden Preis die Versäumnis einholen müßten, sich mit jungen Blättern schmückten. Doch die ausgleichende Gerechtigkeit der Weltregierung hat dafür gesorgt, daß die Amerikaner durch ihren Herbst schadlos gehalten werden, den berühmten Indian Summer, den sie mit einhelliger Begeisterung als ihre schönste Jahreszeit preisen. Seine milde und heitere Witterung dauert, das buntgewordene Laub noch liebevoll schonend, bis um Weihnachten an; namentlich der November, in Deutschland der graueste und greulichste Monat, erweist sich dort nicht als der mürrische Totengräber der Natur, sondern als ein gleichmäßig lächelnder, sonniger Geselle, mit dem sich's leben läßt.

Den oft recht empfindlichen Unbilden des Klimas steht jedenfalls ein Vorzug gegenüber, für den man ihm manches nachsehen darf. Seinen anregenden Einflüssen verdanken die Menschen der Neuen Welt ihre beneidenswerte Frische und Leistungsfähigkeit. Die amerikanische Luft elektrisiert; sie wirkt wie Champagner. Sie verringert das Schlafbedürfnis und läßt kein Müdigkeitsgefühl aufkommen. Nur ihr kann ich es zuschreiben, wenn ich dort unausgesetzten Strapazen gewachsen blieb, deren Bewältigung ich mir vorher nie zugetraut hätte. Die Amerikaner wenigstens bauen fest auf die wundertätigen Eigenschaften ihrer Luft und leugnen, daß sie ohne diese ihren Nerven so unglaublich viel zumuten dürften, wie sie es, freilich nicht immer ungestraft, tun.

Minder erfreulich beeinflußt die klimatische Beschaffenheit des Landes die Respirationsorgane. Sie trägt offenbar die Schuld, wenn die üble Gewohnheit des Spuckens trotz allen Bannflüchen, mit denen die öffentliche Meinung sie belegt, und trotz allen Strafen, mit denen die

Obrigkeit sie bedroht, noch immer eine so peinliche Ver=
breitung zeigt. Wird sie doch sogar von einem der charak=
teristischsten Tiere der amerikanischen Urfauna geteilt;
denn bekanntlich spuckt auch das Lama. Da es sich also
hier um ein natürliches Verhängnis zu handeln scheint,
so hat die fortschreitende Zivilisation Vorkehrungen im
großen Stil dagegen getroffen. Im Sitzungssaale des
Staatsparlaments von Ohio konnte ich feststellen, daß
zu jedem einzelnen Deputiertensitz ein eigener Spucknapf
gehört, und in einem gerade unbenützten Gerichtszimmer
zu Indianapolis fand ich einen Vorrat von Exemplaren
dieses unentbehrlichen Gerätes aufgestapelt, der bei uns
für eine ganze Provinz ausreichen würde.

Der Amerikaner kann nun allerdings das Klima
seines Wohnortes mit jedem erdenklichen anderen ver=
tauschen, ohne die Grenzen seines Vaterlandes zu über=
schreiten. Hochgebirgskühle im Sommer oder Tropen=
wärme im Winter, strenge oder gelinde, trockene oder
feuchte Luft in allen Abstufungen hat er je nach Gefallen
zur Auswahl. Und doch sind die zahllosen klimatischen
und sonstigen Kurorte mit ihren gewaltigen Karawan=
sereien erst ein schwacher Anfang im Vergleich zu den
Möglichkeiten, die eine noch jungfräuliche Natur in Ur=
waldswildnis und Gebirgsherrlichkeit, an Seegestaden
und Meeresküsten für künftige Sommerfrischler und
Winterwärmler aufbewahrt. Der Reichtum dieser Natur
scheint unerschöpflich, sowohl an Schönheiten wie an
Schätzen auf und unter der Erde. Bekanntlich gibt es
nur verschwindend wenige Bodenprodukte, die der Ameri=
kaner in seinem Lande nicht findet — man muß vor=
sichtig hinzufügen: bis jetzt. Es ist eine Schatzkammer,

die schlechthin mit allem dienen kann, was in der übrigen
Welt nur rings zerstreut angetroffen wird.

Dem Fremden erzählt von solcher märchenhaften Fülle
schon die Tafel. Durch ein mit äußerster technischer
Vollendung gehandhabtes Transportsystem senden ihr
Florida und Kalifornien während des ganzen Winters
die köstlichsten Gemüse und Früchte. Unter den ersteren
muß ich namentlich die frischen Spargel loben, die im
Februar und März drüben keineswegs in so unerschwing-
lichem Preise stehen wie bei uns. Unter den Früchten
erfreut sich die in Europa noch so gut wie unbekannte
grape fruit mit Recht besonderer Beliebtheit: eine Agrume,
zwischen Orange und Zitrone etwa die Mitte haltend,
nur von drei- bis vierfach größerem Umfang und von
höchst erfrischendem, süß-säuerlichem Geschmack. Sie gehört ebenso zum regelmäßigen Bestand des ersten Früh-
stücks, wie zu den Vorgerichten der Hauptmahlzeit. Was
dagegen den Wein betrifft, so wollen die Amerikaner
— soweit sie nicht überhaupt Temperenzler sind — von
ihrem Eigenbau bisher nicht viel wissen. Ich kann ihrer
Voreingenommenheit da nicht ganz beipflichten; ich habe
wiederholt roten Kalifornier getrunken, den meine Zunge
von einem guten mittleren Bordeaux kaum hätte unterscheiden können. Sie aber warten lieber, bis er nach
Frankreich geschickt worden ist und von dort, doppelt so
teuer, als St. Julien oder Margaux wieder zurückkehrt.

Mit Grund ist man stolz auf die außerordentlich
vielen Sorten vorzüglicher Fische; nur vor den Forellen
der Neuen Welt gebe ich denen der Alten den Vorzug.
Auch die europäischen Austern finde ich schmackhafter als
die amerikanischen; ihre Billigkeit aber macht sie drüben

zum Volksgericht, und es ist erstaunlich, auf wie mannig=
fache Art man sie zubereitet. Das Fleisch, wenngleich es
sich in der Regel durch Zartheit auszeichnet, kam mir
ebenfalls minder wohlschmeckend vor als bei uns; man
bedeutete mir, daß dafür die Ernährung des Viehs ver=
antwortlich zu machen sei. Für die Wetterfestigkeit
amerikanischer Mägen spricht der Umstand, daß jede
Mahlzeit mit einem Glas Eiswasser beginnt. Und mit
gleicher Unentrinnbarkeit beschließt der Ice-creame jeg=
liches Mittagessen. Nur ein einziges Mal bin ich ihm
doch glücklich entronnen. Das war, als an gastlichem
Tisch die tapfere Hausfrau zu allgemeiner Heiterkeit einen
Zettel herumgehen ließ, den ihr soeben die Köchin herein=
gesandt hatte, und auf dem die wenigen inhaltsschweren
Worte geschrieben standen: „The ice-creame is stolen.“
Man hatte die Nationalspeise vor die Haustür gesetzt,
damit sie hübsch gefroren bleibe, und dort war sie ihrer
unerhörten Popularität zum Opfer gefallen.

Einen verschwenderischen Luxus treibt die amerika=
nische Tafel mit frischen Blumen. Das Tischtuch ver=
schwindet unter dem blühenden Garten, von dem es be=
deckt ist. Von der bemerkenswerten Höhe, auf der die
Blumenzucht steht, zeugen vor allem die unvergleichlichen
langstieligen dunklen Rosen, die den berechtigten Namen
„American Beauties“ tragen.

Während andere Erdteile die hochgespannten Erwar=
tungen ihrer Kolonisten so oft grausam enttäuschten, hat
dieser, in dem seine ersten Ansiedler nur eine rauhe Zu=
fluchtsstätte erblickten, immer überwältigender als ge=
lobtes Land sich offenbart. Dem Glück aber verkettete sich
das Verdienst; die Nutzbarmachung und Ausbreitung des

vorhandenen Überflusses, die Unterwerfung der Natur=
kräfte unter den menschlichen Willen auf einem so un=
geheuren Gebiete, in wenigen Generationen vollbracht,
wird immer zu den bewundernswertesten Kulturtaten
zählen. Aus der Geschichte des Landes muß man denn
auch das Verhältnis des Amerikaners zur Natur zu ver=
stehen suchen, das nicht frei von Widersprüchen ist. Er
betet sie an und mißhandelt sie; er liebt sie wie eine
Mutter und knechtet sie wie eine Magd.

Die Herrschaft über sie zu erringen, mußte zuvörderst
das ausschließliche Ziel seiner Mühen sein. Wenn man
sich vergegenwärtigt, wie er Sümpfe, Wüsten und Ur=
wälder in wogende Äcker umgewandelt, die Bergestiefen
durchwühlt, Brücken über Ströme und Meeresarme ge=
schlagen, den Weltteil von einem Ende bis zum anderen
in ein dichtes Schienennetz gespannt und in Riesenwerk=
stätten die Elementargewalten zu gefügigen Handlangern
abgerichtet hat, so verblaßt der alte Mythus vom Über=
menschentum des Prometheus und der Titanen. Die
Maschinen traten an die Stelle der Geister, die in orien=
talischen Märchen dem Sterblichen ihre hundertfältige
Stärke leihen, und übertrumpften deren Zauberleistungen
durch tausendfältige Pferdekräfte. Zuerst war es der
Menschenmangel, der zur Erfindung dieses Ersatzes
drängte, und noch heute bewegt sich jede Verbesserung
in der Richtung, weitere Hände entbehrlich zu machen,
die Fabrikation zu automatisieren. Die versklavte Natur=
kraft arbeitet für den Menschen; der Arbeiter ist nur
noch der Sklavenaufseher. Darauf beruht die augen=
fälligste Eigentümlichkeit amerikanischer Betriebe. Durch
einen Zufall hatte ich kurz vor dem Antritt meiner Reise

Gelegenheit, in den Kruppschen Werken die Bereitung und Formung des Stahls beobachten zu dürfen; wenige Wochen später sah ich die gleiche Prozedur bei Krupps wichtigsten amerikanischen Konkurrenten, in den Carnegie= Werken bei Pittsburg. Dort zwang sich meinen Laien= blicken sogleich die Wahrnehmung auf, daß die Arbeits= räume verhältnismäßig menschenleer waren. Der flüssige Stahl spazierte so gut wie selbständig von einer Station zur anderen, bis er seine endgültige Form gewonnen hatte.

Noch verblüffender stellte sich diese Methode mir vor, als ich zu Chicago die Stock Yards besuchte, jene über ein ganzes Stadtviertel sich erstreckenden Schlächtereien und Fleischfabriken, die mittlerweile durch die Enthül= lungen des Romanschriftstellers Sinclair in so schlechten Geruch gekommen sind. Den Schweinen geht es da nämlich ungefähr ebenso, wie in den Carnegie=Werken dem Stahl; die von einem Witzbold erdichtete Maschine, wo vorn das lebende Schwein hineingeworfen wird und hinten die fertige Wurst herauskommt, ist da beinahe zur Wirklichkeit geworden. Von dem Augenblick an, in dem das Tier, am Hinterbein aufgehängt, über eine Walze laufend, den blitzschnellen Todesstich empfängt, bis zur Zerlegung des Fleisches geschieht alles, auch die Ent= haarung, innerhalb weniger Minuten auf automatischem Wege. Dann schieben sich die ausgeweideten Tiere an einer endlosen Kette dicht nebeneinander vor einer Front von Arbeitern vorbei, von denen jeder nur einen einzigen raschen Schnitt auszuführen hat; und nach ein paar weiteren Minuten ist der Schinken zum Versand fertig.

Zeigt sich hier überall die Ausnützung der mechani= schen Kräfte von der großartigen Seite, so kehrt die

Herrschaft über die Natur oft auch ein rücksichtslos bru=
tales Antlitz hervor. Und die Natur rächt sich dafür;
denn so willig sie dem Menschengeiste dient, so wird er
sie doch niemals ungestraft vergewaltigen. Schon erweist
sich die barbarische Verwüstung und Abholzung der
Wälder, deren energische Bekämpfung eines der glän=
zendsten Verdienste des Ministers Karl Schurz gewesen
ist, als eine nationale Kalamität, und noch hat die Not=
wehr der öffentlichen Wohlfahrt ihr keinen hinreichenden
gesetzlichen Riegel vorschieben können. Auch ob die Be=
drohung des Niagara durch weitere Kraftanlagen als
abgewendet betrachtet werden darf, scheint noch frag=
lich. Die haarsträubende Verschandelung der schönsten
Gegenden durch aufdringliche und geschmacklose Reklamen
gehört ebenfalls auf dieses Sündenregister. Ich habe
selten etwas Abscheulicheres gesehen, als einen freiliegen=
den Hügel in Cincinnati, der von oben bis unten mit
einem bretternen Reklamewald bepflanzt ist. Zwar hat
man einige durch Naturschönheit besonders bevorzugte
Punkte zu Nationalparks erklärt, um sie vor solchem
Vandalismus zu schützen; aber es wäre noch besser,
wenn der Amerikaner sein ganzes Land als National=
park ansehen lernte.

Und doch läßt sich nicht bestreiten, daß er die Natur
auf seine Weise liebt, ihr zärtlich zugetan ist. Nirgends
lebt man so gern und so rückhaltslos unter freiem
Himmel wie dort. Zu schönen Gegenden finden ganze
Völkerwanderungen statt. Auch begüterte Familien ziehen
häufig dem gekünstelten Hotel ein Blockhaus oder gar
ein Zeltlager in urwüchsiger Wildnis vor. Nur ist das
bewußte Naturgefühl, das ja eine der spätesten Kultur=

blüten zu sein pflegt und dem Kunstgefühl erst in weitem
Abstande nachfolgt, noch im Erwachen begriffen. Wird
es ganz und allgemein geweckt sein, dann wird es sicherlich die empfindungslose Naturentweihung nicht mehr
dulden. Dann wird man, wie einst aus moralischen
Gründen den Schwarzen, so aus ästhetischen Gründen
der Natur die Sklavenketten da, wo sie ihrer unwürdig
sind, abnehmen.

Obwohl ich mit Ausnahme der letzten Tage meines
Aufenthaltes das Land noch in winterlicher Kahlheit
antraf und von seinen berühmten Wundern nur den
Niagara zu Gesicht bekam — wieviel Reize habe ich
doch der amerikanischen Landschaft abgewonnen! Selbst
in der eintönigen, nur zuweilen von welligen Erhebungen
oder dunklem Gehölz unterbrochenen Ebene, die sich von
den Ostgebirgen bis zum Mississippi erstreckt, wieviel Abwechslung des Licht- und Farbenspiels! Bis zur fernen,
scharf gezogenen Linie des Horizonts schweift der Blick
über fruchtbare Felder und Weiden, folgt den Silber-
bändern zahlreicher Wasserläufe und haftet an den einsamen Farmerhäusern. Nur nach Dörfern späht das
Auge des Europäers vergeblich; auch die kleinsten Ortschaften haben städtischen Charakter. Bilder von eigen-
artiger Physiognomie gewahrt man erst, wenn man in
den Bereich der großen Seen gelangt, die ihren Dimensionen nach richtiger als Binnenmeere bezeichnet würden,
obgleich sie von Süßwasser erfüllt sind. Überschaut man
vom Ufer des Michigan- oder Eriesees die unbegrenzte
Fläche, so hat man jedenfalls die Illusion, an einer
Meeresküste zu stehen, und eine heftige Brandung kann
bei stürmischem Wetter diese Illusion vollenden. Der

Winter aber bändigt die Wogen durch einen mächtigen
Eispanzer, auch dem überaus lebhaften Schiffsverkehr
Einhalt gebietend. Am Uferrand türmt sich dann das
Eis oft zu ganzen Bollwerken und Bastionen auf, die
stellenweise an die grotesken Architekturen eines Gletschers
erinnern. Auf der Fahrt von Detroit nach Cleveland
genoß ich, während der Zug auf meilenlanger Brücke
eine Bucht des Eriesees kreuzte, das herrliche Schauspiel,
in die halb erstarrte, halb freie Flut die Sonne ver=
sinken zu sehen, deren letzte rote Strahlen von den
Wasserstreifen wie von den Eisbänken in vielfältiger
Spiegelung zurückgeworfen wurden. Der Detroitfluß,
an dem die gleichnamige elegante Stadt gelegen ist, er=
scheint selbst wie eine Bucht des Sees, den er mit dem
Lake St. Clair verbindet. Als ich an seinem schönen
Gestade entlang fuhr, erstaunte ich über die Unmasse
von Wildenten, die zu Gruppen vereint sich schwimmend
auf seinem Rücken wiegten. Noch mehr aber erstaunte
ich, als man mich belehrte, daß sie samt und sonders —
aus Holz waren, täuschende Attrappen, dazu bestimmt,
die lebendigen Vögel vor das Feuerrohr des lauernden
Jägers zu locken.

Westlich von den großen Seen, im getreidereichen
Staate Wisconsin, wird die Szenerie von unzähligen
kleineren Seen belebt. Madison, die politische Haupt=
stadt des Staates und der Sitz seiner Universität, liegt
malerisch zwischen drei solchen Seen, denen die klang=
vollen indianischen Namen Mendota, Monona und
Wingra eignen. Wenn man sie vom Hügel des Uni=
versitätsgebäudes alle drei gleichzeitig überblickt, drängt
sich die Ähnlichkeit der Lage mit der von Potsdam auf.

Fremdartigere Eindrücke als in diesem lieblichen Seengebiet empfängt man, sobald man noch weiter west= lich das Tal des „Vaters der Ströme" erreicht. Die Mississippilandschaft in ihrer feierlichen, erhabenen Stille und Großlinigkeit gemahnte mich öfters an den Nil. Die St. Anthony=Fälle, mächtige Stromschnellen, die den Mühlen von Minneapolis ihre Kraft leihen müssen, könnte man demgemäß mit dem ersten Katarakt ver= gleichen. Ein Nebenflüßchen, in anmutigem Seitental dem Mississippi sich zuschlängelnd, bildet den schönen Minnehaha=Fall; mir freilich präsentierte er sich nur als ein Turm von gigantischen übereinandergeschobenen Eiszapfen. In einem weiten Halbkreis zieht dann der schiffbar gewordene Strom, von stattlichen Hügeln über= ragt, an der Schwesterstadt von Minneapolis, St. Paul, vorüber, die amphitheatralisch zu ihm sanft absteigt und so für den Beschauer, der auf jenseitiger Höhe, gleich= sam auf den Zinnen des Amphitheaters steht, sich mit ihrer Umgebung zu einem überaus majestätischen Bilde vereinigt. Von da abwärts entfaltet der Strom immer mehr sein königliches Wesen, zwischen niedrigen Anhöhen oder auch ganz flachen Ufern mit ruhiger Würde dahin= gleitend. Bei St. Louis hat er schon die stattliche Breite von mehr als einem Kilometer. Die Lage dieser großen Stadt ist ziemlich reizlos; aber der kurze Aus= flug zu den Meramec Highlands führt zu einem von hoher Warte frei zu überschauenden Hügelpanorama, das bis in blaue Weiten eine Bodenwelle hinter der anderen gleich Kulissen sich aufreihen läßt.

Immerhin steht der mittlere Westen landschaftlich hinter dem Osten zurück; denn diesen durchquert ja fast in seiner ganzen Ausdehnung von Norden nach Süden, ungefähr parallel mit der atlantischen Küste, eine breite Gebirgskette, die mit ihren Zentralstöcken und weit= verzweigten Ausläufern, bald Fluß= und Stromtäler ein= hegend, bald bis dicht an die tiefen Meereseinschnitte herantretend, dem Erdrelief reichste Mannigfaltigkeit und jeder Gegend individuelle Züge spendet. Ihre wesent= lichen Motive weichen nicht allzusehr von denen der deutschen Mittelgebirge ab. Man könnte sich im Thüringer Wald oder im Harz wähnen; nur daß die Dimensionen überall bedeutender, die Formen rauher sind. Die kurze Strecke des Hudson, wo die Berge diesen herrlichen Strom mit einer schroffen, einengenden Mauer um= schließen, hat man oft mit dem Rhein verglichen; mir jedoch scheint der Vergleich mit der unteren Donau beim Eisernen Tor treffender. Zwischen Newyork und Boston lernt man dann wieder eine ganz andere, von den nord= östlichen Abdachungen des Gebirges geschaffene Boden= gestaltung kennen: schönes, heiteres Hügelland, von zahl= losen Villenorten und herrschaftlichen Landsitzen belebt, oder wie bei Newhaven isolierte bewaldete Kegel, die trutzig die Ebene beherrschen und darum, wenn sie in Europa lägen, sicherlich mit Ruinen von Raubritter= burgen gekrönt wären. Immer von neuem aber öffnen sich während der Fahrt blinkende Buchten, fjordartige Meeresarme und führen das Auge über ferne weiße Segel hinweg zu den großen und kleinen Inseln, die dem freien Ozean vorgelagert sind.

Während die amerikanischen Landschaftsbilder jetzt an meiner rückschauenden Phantasie noch einmal wie eine Wandeldekoration vorübergleiten, sehe ich, ein moderner

Odyſſeus, mit beſonderer Sehnſucht den Rauch von
Ithaca aufſteigen. Ich meine natürlich nicht die joniſche
Heimat des göttlichen Dulders, ſondern Ithaca im Staate
Newyork. Hat doch ein poetiſch angehauchter Gouverneur
die während ſeines Regiments gegründeten Nieder=
laſſungen im Weſten dieſes Staates mit Vorliebe auf
die ſtolzeſten und berühmteſten Ortsnamen getauft, die
in den Geſchichts= und Geographiebüchern der Alten Welt
irgend aufzutreiben waren. So paſſiert man beiſpiels=
weiſe auf der Fahrt von Albany nach Buffalo die Sta=
tionen Ilion, Utica, Rom, Verona, Syracus, Memphis
und Palmyra; man ſauſt an Batavia vorbei und wenige
Minuten ſpäter an Corfu, ohne auch nur die geringſten
Beziehungen dieſer löblichen Neſter zu ihren Patenſtädten
zu entdecken. Aber Ithaca begeht keine allzugroße Ver=
meſſenheit, wenn es im Klang ſeines Namens den Zauber
der homeriſchen Welt heraufbeſchwört; denn es iſt ein
wahrhaft entzückendes Fleckchen Erde. Da man bildliche
Anſchauungen ſtets beſſer durch bildliche Vergleiche
wiedergeben kann als durch Beſchreibungen, ſo möchte
ich ſagen, daß es mir vorkam wie eine Kombination des
Schwarzwaldes mit dem Züricherſee. Während nämlich
das Städtchen ſelbſt am Ende eines prächtigen Sees
gelegen iſt, der in ſeiner Formation den von Zürich
getreu zu kopieren ſcheint, erhebt ſich unmittelbar dahinter
ein romantiſches, ſchluchtenreiches Waldgebirge, auf deſſen
luftiger Höhe die Cornell=Univerſität ſich angeſiedelt hat.
Ein Spaziergang von wenigen Minuten führt von ihren
Bauten ins Herz dieſer großartigen Wildnis hinein.
Aus dem Halbdunkel dichter Nadelwälder betritt man
kühne Hängebrücken, die über jähe Abgründe ſich ſpannen,

und sieht in der Tiefe reißende Bergwasser schäumen
oder in absetzenden Sprüngen mächtiger Kaskaden hinab=
stürzen. Von drunten aber, wo die Schluchten sich
weiten, grüßt durch die Felsentore hindurch der stille,
glitzernde Seespiegel herauf.

Und nun der Niagara! Wer könnte es wagen, von
diesem Weltwunder, das allein die Reise nach Amerika
lohnen würde, eine Anschauung zu wecken, indem er
Worte aneinanderfügt! Zumal hier kein Vergleich zu
Hilfe gerufen werden kann; denn Europa hat seines=
gleichen nicht. Und obendrein erhebt die eigene Erfahrung
warnend den Finger; denn ein Blick auf die Wirklich=
keit, und man weiß, daß die hundert zuvor gelesenen
Schilderungen nichts vermocht haben, als die Einbildungs=
kraft irrezuleiten, und daß große Naturgegenstände ebenso
wie große Persönlichkeiten von jedem neuen Auge neu
entdeckt werden müssen. Spreche ich dennoch von dem,
was ich dort gesehen habe, so geschieht es nicht, um dem
Leser ein Bild zu entwerfen, sondern nur, um ihm eine
Wirkung anzudeuten.

Ich hatte das Glück, bei meinem zweimaligen Besuch
des Niagara zwei wundersam klare, warme Frühlings=
tage zu treffen. Der Himmel hatte geflaggt; die ganze
Natur war wie eine Farbensymphonie aus Grün, Blau
und Weiß: grün, wenngleich das Gehölz des Uferparks
noch unbelaubt war, die schon frischsaftigen Rasenflächen
und der Fluß; blau das reine Gewölbe der Luft, und
weißer als der widerstandsfähige Schnee, der sich noch
zu seinen Füßen staute, der blendende Gischt des stürzen=
den, stäubenden Wasserschwalls.

Zuerst hat man, von Buffalo kommend, die freundliche

Stadt Niagara Falls zu durchmessen, deren Hauptstraße
mit ihren Läden für die Fremden, ihren Schaufenstern
voll Erinnerungen und Ansichtskarten den Eindruck eines
großen Badeortes hervorruft. An das Ende dieser
Straße schließt sich der Prospect Park, von hier aus
betreten, ein hübscher Stadtpark wie andere mehr, nur
daß der bei jedem Schritt lauter dröhnende Donner auf
Ungewöhnliches vorbereitet. Näher schreitend, sieht man
den Fluß oberhalb des amerikanischen Falls eilig dahin-
schießen; die Fälle selbst gewahrt man erst, wenn man
unmittelbar an ihren Rand gelangt ist.

Wie alles Bedeutende in der Welt offenbart der
Niagara seine volle Größe nicht dem allerersten Anblick.
Die Menschen nennen das eine Enttäuschung, statt es
eine Täuschung zu nennen. Mancher gewaltige Wert
würde leichter Verständnis finden, wenn sie noch einen
zweiten und dritten Blick daran wenden wollten oder
könnten, um diese Täuschung aufzuklären.

Hier aber hat die Natur, als ob sie mit dieser
menschlichen Schwäche rechnete, selbst dafür gesorgt, den
Enttäuschten die Augen zu öffnen. Sie hat um die Fälle
herum ein Schaugerüst aufgeführt, das ihre eindringliche
Bewunderung von allen Seiten sichert und von Stufe
zu Stufe emporzwingt. Nicht nur an beiden Ufern hat
sie das Felsplateau wie eine Aussichtsterrasse dicht heran-
geschoben; in die Mitte zwischen den amerikanischen und
den kanadischen Fall hat sie überdies eine Insel gelegt,
die es dem Zuschauer ermöglicht, gleichsam auf der Bühne
selbst seinen Platz zu nehmen.

Wirft sich der amerikanische Fall geradlinig, in fast
abgezirkelter Regelmäßigkeit wie über eine Mauer herab,

so vollzieht sein wilderer kanadischer Bruder, wegen seiner
Form Hufeisenfall genannt, den Salto mortale in einem
gedrängten Oval, wie von der obersten Galerie eines
Gigantentheaters. Ein wahrer Höllenkessel entsteht so
in seiner Mitte; es ist, als wollten die einander gegenüber herabspringenden Massen wie feindliche Kolonnen
in erbittertem Ansturm aufeinander eindringen. Bei
aller grausigen Magie dieses Phänomens und bei aller
brausenden, brüllenden Musik, die es begleitet, begreift
man es doch erst ganz, wenn man, in einen Gummi-
anzug gehüllt, den unterirdischen Gang unterhalb des
Falles bis zu einem in die Felswand gehauenen Fenster
verfolgt. In Halbnacht stehend, kaum noch fähig zu
unterscheiden, ob es etwas Flüssiges oder Festes ist, was
da mit der Geschwindigkeit eines Blitzes und mit dem
Getöse eines Weltuntergangs an einem vorbeitobt, erfaßt man nun, was man vor sich hat. Einen Strom,
dessen Wasserreichtum die größten deutschen Ströme
erst knapp vor ihrer Mündung erreichen, noch kurz ehe
er hier eintrifft, vier Kilometer breit; einen Strom,
unter dem plötzlich der Boden abreißt! Und was dieser beispiellosen unaufhörlichen Katastrophe ihre ganze Dämonie
verleiht, das ist ihr Kontrast zu der lieblich-friedlichen
Landschaft, in der sie sich abspielt. Ein kleinerer Dichter,
als diese Natur es ist, hätte den rasenden Aufruhr
mit einer düsteren Wolfsschluchtszenerie umrahmt; sie
aber spann ein lächelndes Idyll darum her und er-
schütterte das Herz umso gewaltiger, indem sie Schrecken
und Trost, Haß und Liebe, Leidenschaft und Ruhe, Tod
und Verklärung in einen einzigen Akkord zusammenfaßte.

Unmittelbar nach dem Sturz ist der Fluß von einer

so unheimlichen Stille, als wäre er von dem Geschehenen
betäubt; als müßte er, bevor er seinen Weiterlauf durch
das enge Felsental, das ihn fortan einschnüren soll, be=
ginnt, sich besinnen und sammeln. Doch eine kurze Strecke
abwärts scheint er dessen, was er eben durchgemacht,
mit einemmal wieder inne zu werden, und gerade wie
ein Mensch, der zu einem ungeheuren Erlebnis erst einen
gewissen Abstand erringen muß, um es zu fassen, gerät
er nun in eine heftige, ihn bis in seine tiefsten Tiefen
durchwühlende Aufregung. Das Tosen, Branden und
Strudeln dieser „Rapids" kann man sich nur vorstellen,
wenn man denkt, ein in entfesseltem Aufruhr begriffenes
Meer werde vom Sturm durch einen Hohlweg hindurch=
gepeitscht, der noch dazu in eine Sackgasse endigt. Denn
da die Talschlucht unversehens ein Knie bildet, so rennt
dort der ganze, blindwütig gradaus schießende Fluten=
prall wie ein Verzweifelter mit dem Kopf gegen die
Wand und wirbelt dann, nicht mehr aus noch ein wissend,
im Kreise herum. Die Wasser finden zwar zu guter Letzt
einen Ausweg in der veränderten Richtung; aber das
Holz, das sie zu dieser, Whirlpool genannten Stelle ver=
schleppen, wird so lange ringförmig herumgequirlt, bis
es verfaulend sich auflöst. Nun endlich hat der Fluß
die heroischen Irrungen und Prüfungen seiner Jugend
hinter sich, und da die Felsenwände, die ihn von dem
tollsten seiner Sprünge an bis hierher gelenkt und ge=
meistert, nach einiger Zeit abflachend ihn aus der Vor=
mundschaft entlassen, so strebt er nun abgeklärt und
ungehemmt durch eine prangende Ebene seinem Ziel,
dem Ontariosee, entgegen.

Daß eine solche klassische Dichtung der Natur, ebenso

wie eine unsterbliche Kunstschöpfung, als unschätzbares
Volksgut vor Zerstörung und Verstümmelung geschützt
werden muß, hat die öffentliche Meinung Amerikas wohl
erst in zwölfter Stunde erkannt. Sie wird, nachdem
bereits schlimme Attentate geduldet worden, schlimmere
hoffentlich zu verhüten wissen. Der elektrischen Aussichts-
bahn, die den ganzen Bezirk in einer Schleife umzieht,
darf man zwar nachrühmen, daß sie das Landschaftsbild
nach Möglichkeit geschont hat. Umso störender und ver-
letzender macht unterhalb des amerikanischen Falls, gleich
jenseits der prächtigen Stahlbogenbrücke, die in ihrer
leichten, graziösen Konstruktion wie aus Spinngeweben
gebildet erscheint, eine Fabrikanlage sich mit allen ihren
Häßlichkeiten breit. Das große Turbinenwerk, das die
Wasserkraft des Niagara für unzählige Betriebe aus-
beutet, liegt dagegen glücklicherweise fernab in der Stadt
und erhält seine Speisung vermittels eines langen, unter
ihr durchgeführten Tunnels.

Das erhabene Schauspiel des Niagara ist wie ein
Sinnbild des amerikanischen Lebens. Im weiten Rahmen
einer üppigen und verschwenderischen Natur eine unend-
liche Fülle von lebendigen Gewalten, die in ruheloser
und fesselloser Hast vorwärts stürmen, jeden Widerstand
besiegend, jedes Hindernis mit fortreißend. Beklommen
steht der Fremde zunächst all diesem verwirrenden Getöse
gegenüber; er sieht die zermalmende Eile, die blinde
Wucht in unaufhörlichen Entladungen scheinbar sich selbst
verzehren. Aber wenn er näher zuschaut, dann merkt
er, das Getöse setzt sich um in gebändigte Kraft und
die Kraft in Licht.

Charakterzüge

Man erzählt von einem berühmten Ohrenarzt, er habe den Schwerhörigen, die sich in seine Behandlung begaben, nach vollendeter Kur so lange ins Ohr geschrieen: „Sie sind geheilt!", bis sie es ihm glaubten. Ungefähr ebenso hat die amerikanische Demokratie durch die emphatische Betonung der Menschenrechte allen Bürgern der Vereinigten Staaten die unüberwindliche Überzeugung eingeimpft, daß sie frei seien. Darum gibt es in diesem glücklichen Staatswesen keine eigentliche revolutionäre Partei.

Politisch sind ja die Amerikaner gewiß eines der freiesten Völker der Welt. Der Volkswille ist souverän, das heißt die Minorität gehorcht der Majorität und diese ihren Parteihäuptlingen, die ihrerseits wieder weniger schieben als geschoben werden. So stellt sich jenes wunderbare Gleichgewicht der Kräfte her, bei dem jeder aus eigenem Antrieb das tut, was andere von ihm wollen. Staatsoberhaupt, Regierung und Beamtenschaft geht aus direkten oder indirekten Volkswahlen hervor; keine Kastenvorrechte hindern den Untersten, der Oberste zu werden; dem Gemeinen ist der Generalstab schon in die Wiege gelegt. Man darf die höchststehenden Persönlichkeiten ebenso wie den Staat selbst ungestraft schmähen und herabsetzen, eine Erlaubnis, von der infolgedessen nur selten Gebrauch gemacht wird. Man darf, da Religion Privatsache ist, unbehelligt nach seiner Fasson selig werden, ein Ziel, dem infolgedessen die Gläubigen jeder Fasson mit verdoppelter Inbrunst zustreben.

Aber gerade um dieser unbestrittenen und unbestreitbaren Freiheit willen erträgt der amerikanische Bürger im täglichen Leben ohne Einspruch und ohne sichtliches Mißbehagen ein Maß von Beschränkungen, das man in unseren Polizeistaaten der vielerprobten Subordination der Untertanen nicht zumuten dürfte, ohne ihre heftige Gegenwehr herauszufordern. Diese seine Fügsamkeit ist umso erstaunlicher, als die weitgehenden Verordnungen und Verbote, denen er sich unterwirft, nicht für das ganze Bundesgebiet gelten, da bekanntlich ein beträchtlicher Teil der Gesetzgebung den Einzelstaaten vorbehalten ist und somit der eine Staat verpönt, was der andere, angrenzende erlaubt. Genau genommen muß also, wer viel im Lande herumkommt, die buntscheckige Musterkarte von sechsundvierzig verschiedenen Staatsgesetzbüchern im Kopfe haben, wenn er ganz sicher sein will, nirgends mit dem bestehenden Recht in Konflikt zu geraten. Namentlich in Bezug auf die Bestimmungen über die Sonntagsheiligung und den Konsum geistiger Getränke kennt sich wohl niemand überall aus, und an nichts gewöhnt sich der eingewanderte Europäer, dem doch zu Hause wahrlich genug verboten war, so schwer, wie an die drakonische Schärfe, bis zu der von zahlreichen Staaten diese Bestimmungen getrieben werden. Aber man begegnet noch viel seltsameren. So hat zum Beispiel der Staat Indiana durch strenges Verbot das Cigarettenrauchen in Bann getan, und wer aus dem Nachbarstaat, wo es gestattet ist, kommend ihn mit brennender Cigarette betritt, der überschreitet gleichzeitig die Grenze und das Gesetz.

Ein Herr, der mich in der Hauptstadt von Indiana aufsuchte, teilte mir diese Tatsache bezeichnenderweise in dem Augenblicke mit, wo er mir eine Cigarette anbot und sich selbst eine ansteckte. Ich sage, bezeichnender= weise; denn gegen alle derartigen bevormundenden Dekrete hilft sich der Amerikaner nicht, indem er sie bekämpft, sondern indem er sie umgeht. Ja, er hat diese Um= gehungen zu einer förmlichen Kunst ausgebildet, sie im großen und im kleinen zum System erhoben. In Chicago spielte man noch vor kurzem mit zehn Kegeln statt mit neun. Warum? Weil das Spiel mit neun Kegeln im Staate Illinois verboten war. In einer an= deren westlichen Stadt müssen am Sonntag die Bier= lokale geschlossen sein; das größte und vornehmste war demgemäß, als ich mit meinen Begleitern mich ihm näherte, nach der Straße hin fest verrammelt. Aber als wir es durch eine Hintertür betraten, fanden wir nur mit Mühe einen unbesetzten Tisch. In dem ersten Hotel von Washington bekommt man am Sonntag nur dann etwas zu trinken, wenn man gleichzeitig auch etwas ißt. Und zwar muß es, wohlbemerkt, eine warme Speise sein; eine kalte genügt nicht. Auch wenn zwei Gäste sich ge= meinsam ein warmes Gericht bestellen, müssen sie noch immer trocken sitzen. Es muß eine warme Speise sein, die man allein verzehrt. Was tut man also, wenn man nach der Hauptmahlzeit noch das sündhafte Gelüst auf ein Glas Bier verspürt? Ganz einfach, man läßt einen

warmen Sandwich kommen, das heißt ein Brötchen, das
mit einer dünnen Scheibe warmen statt kalten Fleisches
belegt ist; und nun kann man pokulieren, so lange
man will.

Die Sonntagsheiligung verbietet nicht nur geistige
Getränke, sondern leider auch geistige Genüsse. Sie
zwingt, wie in England, die Theater, am Tage des Herrn
ihre Pforten geschlossen zu halten, es sei denn, daß sie
ihrem Publikum statt einer szenischen Aufführung ein
„Sacred Concert" bieten. Was versteht man nun in
Newyork unter einem solchen geistlichen Konzert? Etwa
Kirchenmusik? Oder klassische Oratorien und Sympho-
nien? Nein, man begrenzt den Begriff nur negativ,
indem man verlangt, daß der Vorhang nicht aufgehen
und nicht fallen, die Dekoration der Bühne nicht wechseln
darf. Werden diese, dem warmen Sandwich entsprechen-
den Bedingungen strikt innegehalten, so kann der Direktor
seiner frommen Gemeinde auftischen, was ihm beliebt,
jeden Schwank, jede Posse, jede Operette, und kann die
Vorstellung wie jede andere öffentlich anzeigen. Eine
Theaternotiz, wie sie allwöchentlich in den Newyorker
Blättern und auf den Affichen zu lesen steht, lautet:
„Als Sacred Concert wird nächsten Sonntag ‚Der
Kilometerfresser' gegeben." Oder ein sonstiges Stück
von gleich erbaulichem Inhalt.

Man würde, wie mich dünkt, den amerikanischen
Charakter verkennen, wollte man solche Absurditäten nur
auf Heuchelei, auf pharisäische Wahrung des äußeren
Scheines zurückführen. Ich glaube, sie werden eher
verursacht durch die umfassende Duldsamkeit, von der
das robuste Staatswesen gegenüber seinen Bürgern und

diese untereinander beseelt sind. Man macht die Gesetze zwar, damit sie befolgt werden; aber man nimmt es nicht so genau, so buchstäblich damit; man sieht durch die Finger. Man denkt, alles werde sich schließlich von selbst wieder ausgleichen und einrenken, wenn man es seinen Gang gehen läßt, und man hat damit wohl nicht ganz unrecht. Duldsamkeit der Regierenden erzeugt Geduld der Regierten. Nach dem Grundsatz: „Leben und leben lassen" drückt jeder gern ein Auge zu, umso lieber als er mit dem offen gebliebenen so vieles gewahrt, was ihn erfreut und befriedigt.

Bei allerlei Anlässen habe ich die Amerikaner als ein hervorragend geduldiges Volk kennen gelernt. Diese Menschen, die es sämtlich so eilig haben, denen Zeit Geld ist, drängen und stoßen nicht in der Menge; sie lassen sich in überfüllte Straßenbahnwagen gutwillig bis auf den vierten Teil ihres gewöhnlichen Volumens zusammenpressen; nicht einmal durch langes, fruchtloses Warten wird ihre Laune getrübt. In Fällen, wo bei uns unfehlbar Lärm geschlagen oder nach dem Beschwerdebuch gerufen würde, ist ihnen nicht das leiseste Ärgernis anzumerken. Zu der Reise von St. Louis nach Columbia, Missouri, die fahrplanmäßig nur etwas über vier Stunden dauern sollte, benötigte ich deren acht und eine halbe! Auf einer Zwischenstation wurde der Anschluß versäumt; ich mußte dort bis zum Abgang des nächsten Zuges liegen bleiben; dieser setzte sich erst anderthalb Stunden, nachdem er fällig gewesen, in Bewegung, und blieb dann noch einmal fast eine Stunde auf freiem Felde haken, so daß ich mein Ziel statt am Mittag erst gegen Abend erreichte. Aber je nervöser ich wurde (denn ich fürchtete,

meinen Vortrag zu verpassen), destomehr bewunderte ich
den unerschütterlichen Gleichmut meiner Mitreisenden.
Der Verlust eines halben Tages schien sie nicht im ge=
ringsten zu berühren. Hinterher erfuhr ich, daß dieselbe
Kalamität — die Versäumnis des Anschlußzuges — auf
dieser Strecke wöchentlich mehrmals eintritt. Je nun,
man beugt sich ihr, weil man sie gar nicht als so schlimm
empfindet.

All dies Dulden und Gedulden, all diese Unempfind=
lichkeit vorübergehenden oder dauernden Mißständen
gegenüber geht schließlich auf eine Grundeigenschaft des
Amerikaners zurück, auf seinen vielgerühmten Optimis=
mus. Unzweifelhaft trägt das Klima, tragen Licht und
Luft seines Vaterlandes dazu bei, jene heitere, zuversicht=
liche, bejahende Weltanschauung in ihm zu erzeugen, die
aus ihrem eigenen inneren Vorrat an Sonne heraus
auch auf die Schatten des Lebens einen Goldglanz wirft.
Dazu kommt, daß auch sein ausschweifender Glaube so
oft durch die beflügelte Aufwärtsbewegung seines Volkes
bestätigt, wenn nicht gar übertroffen wird; daß er, um
Fortschritte zu gewahren, nicht zu sehen braucht, wie das
Gras wächst, sondern wie der Blütenstamm der Aloe
über Nacht in die Höhe schießt. Weit, wie die Grenzen
seines Reiches, erscheinen ihm auch die Grenzen mensch=
licher Kraft, und sein Unternehmungsgeist liebt es, in
Gedanken und Taten bis dicht an diese Grenzen vor=
zudringen. Um seine gehobene Stimmung sich auch nicht
auf Augenblicke beeinträchtigen zu lassen, setzt er gern
eine rosenrote Brille auf, ist er geneigt, alles in seinem
Lande für gut und vollkommen zu halten. Eben darum
ist er auch so leicht verletzt, wenn Außenstehende daran

irgend etwas, und wäre es noch so nebensächlich, zu
tadeln haben. Seine Unempfindlichkeit gegen Mängel
wird zur Empfindlichkeit gegen die Kritik. Er fühlt sich
gleichsam im Paradies, und im Paradies — einerlei,
ob es wirklich oder eingebildet ist — gibt es keinen Gast,
der so unbequem, so störend und vor allem so überflüssig
wäre wie der Kritiker.

Solcher Optimismus könnte einem Volke auf die
Dauer gefährlich werden. Denn Selbstzufriedenheit führt
in ihren letzten Folgerungen notwendig zum Stillstand.
Aber trotzdem sind die Amerikaner von dieser Gefahr
vorerst noch himmelweit entfernt. Finden sie die Einrichtungen ihres Landes auch gut, so sind sie doch schneller
als andere bei der Hand, das Gute um des Besseren
willen dranzugeben. Nirgends hat man mehr Lust und
mehr Mut zu Experimenten. Wenn einer von zehn
Wegen Erfolg verheißt, so scheut man sich nicht, erst
neun vergebliche zu gehen. Man hat dabei vor Europa
den wesentlichen Vorteil, daß keine geheiligte Tradition,
keine bindende Pietät das Verharren auf ausgetretenen
Pfaden zur Pflicht macht; man hat hingegen den Nach-
teil, daß man sich gründlich verlaufen kann. Es ist selbstverständlich mehr Wagnis, ins Unbekannte hinauszueilen,
als wie ein Zirkusgaul im Kreise herumzutraben; aber
nur so kann man, im großen oder im kleinen, zum
Kolumbus werden.

Einer anderen Ausartung ihres Optimismus sind
die Amerikaner indessen nicht ausgewichen: der Renom-
mage. Ihr berechtigter Stolz auf ihre Gegenwart und
Zukunft schlägt gern in Prahlerei um. Hauptsächlich
kommt es ihnen darauf an, die Alte Welt zu über-

trumpfen, und zwar recht sinnfällig, durch Maß und
Gewicht. Sie gleichen darin ein wenig jenem guten
Manne, der, als ihm von einem merkwürdigen Zwerg
erzählt wurde, ausrief: „Ich kenne einen noch viel grö=
ßeren!" In keiner Pose gefallen sie sich besser, als wenn
sie von irgend einem Ding in ihrem Lande behaupten
dürfen, es sei das größte der Welt, oder gar wie die
Marktschreier vor der Schaubude versichern können:
„Noch nie in Europa gezeigt!" Diese Parvenue=Eigen=
schaft werden sie aber sicherlich mit der Zeit ganz von
selbst abstreifen; denn man renommiert nur, etwas zu
besitzen, was man noch nicht lange besitzt. Darum renom=
miert der Amerikaner mehr als der Europäer, der Ber=
liner mehr als der Pariser, die Jugend mehr als das
Alter.

Ein umso sympathischerer Zug, der gleichfalls dieser
glücklichen Weltanschauung entkeimt, ist das allgemeine,
wechselseitige Vertrauen. Ein gegebenes Wort gilt für
so gut wie ein schriftlicher Vertrag, und man setzt sowohl
im Geschäftsleben wie im täglichen Umgang beim Neben=
menschen solange Ehrlichkeit voraus, bis das Gegenteil
bewiesen ist. Es scheint beinahe, als ob dies Vertrauen
durch sich selbst dazu mitwirke, die Ehrlichkeit zu steigern.
Wenigstens haben alle öffentlichen Unternehmungen die
besten Erfahrungen damit gemacht, daß sie das Publikum
einer nicht halb so strengen Kontrolle unterwerfen, wie
sie bei uns für unentbehrlich gehalten wird. Ich weiß
nicht, ob man es in Deutschland so ruhig wie in Amerika
wagen könnte, frankierte Postsendungen, wenn ihr Format
zu groß oder der Briefkasten voll ist, frei und offen auf
diesen draufzulegen. Auf dem Lande sind die Briefkästen

überhaupt nicht verschlossen; man hebt, um seine Briefe
zu den anderen zu tun, wie bei einer Schachtel den
ganzen Deckel auf. Dennoch kommt nichts weg. Und
dies ist dasselbe Amerika, in das wir immer noch einen
so erheblichen Teil unserer Spitzbuben exportieren! Es
bleibt nur die Wahl, anzunehmen, daß sie sich drüben
bessern oder daß sie bei den eingeborenen Betrügern in
die Schule gehen. Denn diese geben sich nicht mit Kleinig=
keiten ab.

Als seine schönste Blüte entsprießt aber dem amerika=
nischen Optimismus die Gastfreundschaft. Erwächst doch
auch sie aus dem starken und stolzen Wohlgefühl, das
der Einheimische auf den ausländischen Besucher zu
übertragen begehrt. Wer sich sein Haus recht hoch, frei
und wohnlich gezimmert hat, mit freudiger Genugtuung
darin weilt und alle seine Wünsche davon befriedigt
findet, der wünscht begreiflicherweise, es auch anderen
zu zeigen, wünscht, durch das Behagen, das er ihnen
schafft, das seinige zu erhöhen. Darum übt der Ameri=
kaner die Tugend der Gastlichkeit mit Passion; darum
übt er sie mit dem Bewußtsein der Pflicht, dem Fremden
gegenüber sein ganzes Land und sein ganzes Volk zu
vertreten. In diesem heiligen Eifer entwickelt er eine
solche Unermüdlichkeit, daß er sie ohne weiteres auch
seinem Gaste zutraut und zumutet. Dessen einziges Be=
dürfnis, für das er angelegentlich Sorge zu tragen ver=
gißt, ist das Ruhebedürfnis. Er glaubt, ihn nicht
genügend geehrt zu haben, wenn er ihn nur einen Augen=
blick sich selbst überläßt, ihn nicht vom frühen Morgen
bis zum späten Abend durch ein ununterbrochenes Fest=
programm in Atem hält. Die Rolle eines solchen Gastes,

der noch nebenbei anzukommen und abzureisen, aus- und
einzupacken, dreimal im Tage sich umzukleiden, Besuche
zu empfangen und abzustatten, Reden zu halten und
Briefe zu beantworten hat, gehört deshalb zu den Rollen,
die der Schauspieler als dankbar, aber anstrengend zu
klassifizieren pflegt. Nach dem Grundsatz: „Leben und
leben lassen" läßt man ihn so lange unausgesetzt leben,
ja sogar hoch leben, bis er halb tot ist. Wir in Deutschland sind doch seit einiger Zeit wahrlich sehr in der
Übung, Feste zu feiern; aber die Amerikaner könnten
in der virtuosen Ausdauer, mit der sie diese Kunst be-
treiben, unsere erhabensten Vorbilder beschämen.

Bei Festmählern schreibt die Sitte wie in England
vor, daß die Reden und Trinksprüche erst nach dem
letzten Gang beginnen. Dann aber folgen sie aufeinander
ohne Zwischenpausen. Das Wort wird von dem sogenannten Toastmeister erteilt, der mit dem Vorsitzenden
oder Gastgeber nicht identisch zu sein braucht. Er ruft
nicht nur die vorherbestimmten Redner auf, sondern hat,
wenn deren Liste erschöpft ist, auch das Recht, ahnungslose Gäste zu einer Stegreifleistung herauszufordern.
An wen auch immer das Aufgebot ergeht, der darf sich
ihm nicht entziehen; dem bleibt nichts übrig, als empor-
zuschnellen und sein Scherzlein beizusteuern. Ein so an-
haltendes oratorisches Turnier müßte ermüden, wenn
die Amerikaner nicht geborene Redner wären und stets
schlagfertig, aber nie weitschweifig, in Ernst und Humor
ihren Mann stünden.

Dieses demokratische Volk liebt auch bei Veranstal-
tungen, bei denen uns jedes pompöse Zeremoniell fern-
liegt, eine gewisse Feierlichkeit der Form. Ich denke

hier hauptsächlich an den festlichen Rahmen, den man
Vorträgen und Vorlesungen gibt. Der Redner betritt
nie allein das Podium; er wird dorthin von einem
Ehrengeleite eskortiert. Dort angelangt, darf er nicht
etwa sogleich das Katheder besteigen, sondern ist gebeten,
zunächst auf einem hinter diesem stehenden Prunkfessel,
einer Art von Krönungsstuhl, Platz zu nehmen. Während
er da nun sitzt wie ein stummer Imperator, tritt eine
repräsentierende Persönlichkeit, ein Herr des Komitees
oder der Vorsitzende des Vereins oder der Präsident der
Universität, vor die Zuhörerschaft, um ihr in kürzerer
oder längerer Ansprache den Gast des Abends förmlich
vorzustellen. Er erzählt die Biographie, nennt die Werke
und preist die Verdienste des wehrlos Thronenden, der
sich umsonst bemüht, dazu ein geistreiches Gesicht zu
machen, und schließt, indem er der Versammlung dessen
ihr bereits bekannten Namen laut und eindringlich zu=
ruft. Erst damit ist für den Redner das Stichwort
gefallen, das ihm gestattet, sich zu erheben und das
Katheder einzunehmen. Inzwischen aber setzt sich auf
den frei gewordenen Krönungsstuhl der Vorsteller und
bleibt seinerseits dort bis zum Ende des Vortrages
sitzen. Ich muß bekennen, es ist kein besonders gemüt=
liches Bewußtsein, während man spricht, im Rücken einen
Gönner zu haben, von dem man nicht wissen kann, ob
er trotz allem Lob, das er einem soeben gespendet hat,
nicht gähnt oder einschläft.

Ist der Redner beim Schlußpunkt angelangt, so hat
er damit noch nicht etwa allen Anforderungen der
Situation genügt. Denn nunmehr folgt meistens noch
eine neue, echt amerikanische Programmnummer: die

Reception. Sie wird erheischt von dem unüberwind=
lichen Bedürfnis der Anwesenden, dem Manne, der ihnen
soeben seine Gedanken und Gefühle ausgedrückt hat,
zum Entgelt ihre Gedanken und Gefühle auszudrücken.
Ein einziger sprach zu vielen Hunderten; nun wollen
umgekehrt viele Hunderte zu einem einzigen sprechen.
Das läßt sich technisch nicht anders bewerkstelligen, als
indem sie in endloser Reihe langsam an ihm vorüber=
defilieren, eine Gruppierung, für die in Europa wohl
nur die höfische Etikette eine Analogie bietet. Man be=
kommt ein verständnisinniges Mitgefühl für die lasten=
den Bürden, die auf allerhöchsten Scheiteln ruhen, wenn
man bei dieser Szene den unfreiwilligen Serenissimus
spielt. Vorstellung, Händeschütteln, Austausch einiger
freundlicher Worte; dann kommt der nächste dran. Bis
zum ersten Hundert mag diese in gleichmäßiger Wieder=
holung sich fortsetzende Manipulation noch hingehen,
obwohl sie von dem an die Wand gepreßten Gast eine
tüchtige Arbeitsleistung beansprucht, und obwohl seine
neuen Freunde trotz beiderseitigen edelsten Absichten ihm
so nur örtlich, aber nicht menschlich nähertreten können.
Rückt jedoch das zweite, das dritte Hundert heran, so
wird man von dieser Fülle der Gesichte schließlich in
einen geistigen Starrkrampf versetzt und kommt sich, von
den temperamentvoll zugreifenden Händen in unaufhör=
lichen Schwingungen erhalten, nur noch wie ein heftig
geschüttelter Obstbaum vor. Unter allen Strapazen, die
ich zu bestehen hatte, sind mir diese Empfänge als die
schwersten erschienen. Ja, ich habe, wenn sowohl mein
Gehirn wie meine biedere Rechte einem so andauernden
starken Druck preisgegeben waren, nicht nur die Ameri=

kaner um ihre eisernen Nerven, sondern auch den Ritter
Götz von Berlichingen um seine eiserne Hand beneidet.

Es gibt Förmlichkeiten, die, weil sie keinen Emp=
findungsinhalt haben, nicht nur ermüden, sondern auch
erkälten. Zu diesen aber gehören die hier geschilderten
Bräuche nicht. Sie sind vielmehr Ventile für ein echtes
Herzensfeuer; wenn es dem Gaste zeitweilig zu stark
einheizt, so wird er umso dauerhafter davon durchwärmt.
Belastet man seine Zeit, so versteht man andererseits,
sie ihm zweckmäßig einzuteilen; niemals besinnen sich
seine Wirte, ihm die ihrige, wäre sie auch noch so kostbar,
im weitesten Umfang zu opfern. Sie würden ihm, wenn
sie könnten, am liebsten auch noch ihre Augen und Füße
zur Verfügung stellen, damit er seinen Aufenthalt nach
Möglichkeit ausnütze, möglichst viel von ihrem Land
kennen lerne. Eine originelle Methode, ihn rasch und
angenehm zu orientieren, besitzen sie in den sogenannten
Trolley=Fahrten, einer bei uns unbekannten Verwendung
der elektrischen Straßenbahn. Diese, deren Netz in den
amerikanischen Städten ausgedehnter zu sein pflegt als
in den unsrigen und noch die fernere Umgebung auf
viele Meilen im Umkreise mit einschließt, vermietet
reizend ausgestattete Luxuswagen zu beliebigen Ver=
gnügungstouren. In bequemen Sesseln, die Aussicht
durch breite Scheiben nach allen Seiten frei genießend,
fahren die Teilnehmer auf den gewöhnlichen Geleisen
kreuz und quer durch die Stadt und vor diese hinaus;
je nach ihrem Wunsch hält der Wagen an, wo es etwas
zu sehen gibt, läßt sie aussteigen und wartet auf ihre
Rückkehr. In dieser komfortablen Manier habe ich dank
meinen Gastfreunden den Tagesausflug zum Niagara

von der Tür meines Hotels in Buffalo und wieder zu
ihr zurück unternommen. In Cincinnati wurde mir
eine solche Trolley=Fahrt von den Damen des Komitees
angeboten, die — achtzehn an der Zahl! — mich im
Hotel abholten und bis zu den Fleischtöpfen eines länd=
lichen Restaurants entführten. Nur damit ich gegen
eine derartige holde Übermacht mich nicht ganz wehrlos
fühlen sollte, waren mir als Ehrenwache noch zwei
männliche Wesen mitgegeben. In St. Louis aber wurde
sogar das Restaurant in den Wagen selbst verlegt. Diesen
hatte die gütige Fürsorge der dortigen Veranstalter mit
einer reichgedeckten Tafel versehen lassen, an der uns,
während wir die belebten Straßen entlang glitten, eine
Mahlzeit von mehreren Gängen aufgetragen wurde —
ein Bankett in der Trambahn!

Der hohe Temperaturgrad amerikanischer Gastfreund=
schaft erklärt sich wohl noch aus einem anderen Zu=
sammenhang. Man treibt nämlich ganz im allgemeinen
drüben mehr Personenkultus als bei uns. Einen der
Demokratie widersprechenden, mit ihr unvereinbaren Zug
könnte darin nur erblicken, wer den Einfluß politischer
Doktrinen auf die Menschennatur überschätzt. Diese hat
ja das unausrottbare Bedürfnis, jedes Ideal, jeden Ge=
danken, jedes sachliche Interesse, kurzum alles Abstrakte
in Personen verkörpert zu sehen, denen sodann die eigent=
lich der Sache geltenden Gefühle zuströmen. Je naiver
der Mensch ist, desto weniger vermag er die Idee von
ihren vergänglichen Repräsentanten zu trennen; ja, nur
in ihnen vermag er sie überhaupt zu fassen. Sogar für
die unsichtbare Gottheit bedarf er daher eines sichtbaren
Statthalters, und erst in der Persönlichkeit des Monarchen

verlebendigt sich ihm der Begriff des Staates und des
Vaterlandes. Eben darum aber tritt der Personenkultus
in Republiken auffälliger in die Erscheinung als in
Monarchien. In diesen ist er gleichsam offiziell reguliert,
findet er im Herrscher, in den Mitgliedern der Dynastie
bereits eine Anzahl der von ihm benötigten lebenden
Symbole durch die Geburt abgestempelt vor. In Republiken dagegen muß er solche Symbole erst selber aufsuchen und abstempeln; denn hier sind es gerade umgekehrt die offiziellen Persönlichkeiten, die Häupter der
Regierung, denen Weihrauch zu streuen und Lorbeer-
kränze zu winden das demokratische Prinzip ihm untersagt.
Wohin nun mit all der überschüssigen Begeisterung?
Wenn die Seele jubiliert, dann will die Kehle Evoë
oder Hurra schreien. Jede Ursache oder auch nur jeder
Vorwand, sich auszulösen, wird diesem latenten Drang
zur Wohltat. Man muß also nur der Träger oder der
Vertreter irgend einer Lieblingsvorstellung sein, um allen
für sie aufgespeicherten Enthusiasmus einzuheimsen. So
wird der Fremde gefeiert als Mandatar seines Heimat-
landes, seines Weltteils, der Künstler und Gelehrte als
Delegierte Apolls und der neun Musen, der Milliardär
als Repräsentant der nationalen wirtschaftlichen Macht.
Das wichtigste Erfordernis für solche Bekrönung ist
nicht sowohl das Verdienst des von ihr Betroffenen als
seine Anwesenheit.

Immerhin wird dem Ehrgeiz des einzelnen auf diese
Weise ein würdigerer Ansporn erteilt, als wenn man
ihm nur einen plumpen Köder vorhält. Denn irgend
einer Idee zu dienen und in ihrem Dienste irgend etwas
zu leisten, ist schließlich doch der einzige Weg, wie man

sich in Amerika auszeichnen kann, und die Auszeichnung
knüpft sich nur an den Menschen selbst, nicht an eine
ihm aufgeklebte Etikette. Es gibt keine Titel. Auch der
Präsident der Republik wird nur „Mr. Present" an=
gesprochen und hat sich die Anrede „Exzellenz", mit der
ihn Europäer zu beehren liebten, ausdrücklich verbeten.
Ein amerikanischer Freund erzählte mir, auf einer Reise
durch Deutschland habe im Eisenbahncoupé eine Dame,
mit der er ins Gespräch kam, sich ihm sofort als Stadt=
verordnetenvorstehers=Gattin zu erkennen gegeben. Er
fand das höchst komisch und erkundigte sich bei mir,
warum die Frau ihn von dieser Titulatur in Kenntnis
zu setzen für nötig gehalten habe, ohne daß er sie da=
nach gefragt; ob denn die Stellung ihres Gatten eine
ganz außergewöhnlich hohe sei. Er konnte auch nach
meiner Erläuterung nicht recht begreifen, weshalb die
Menschen bei uns sich alsbald gegenseitig vorstellen, da
doch weder ihr Name noch ihr Amt und ·Beruf im
oberflächlichen gesellschaftlichen Verkehr etwas zur Sache
tue. Denn während der Deutsche vor allem nachforscht,
was einer ist, so interessiert den Amerikaner ausschließ=
lich, wie einer ist; und da unterscheidet er im Grunde
genommen nur zwei große Gruppen: entweder man ist
ein Gentleman, oder man ist es nicht. Er kennt nicht
die vielgliederige soziale Stufenleiter, auf der jeder nach
den Staffeln über ihm demütig empor= und nach denen
unter ihm anmaßlich hinabblickt. Am gesündesten äußert
sich darum der demokratische Charakter in den ebenso
von Herablassung wie von Devotion freien Umgangs=
formen der verschiedenen Klassen untereinander. Den
Zögling europäischer Herrenmoral muß es natürlich zu=

erst verblüffen, wenn die daheim gewohnte abgezirkelte
Distanz auch von den Leuten, die ihn bedienen, nicht
gewahrt wird; wollte er aber nun seinerseits Gewicht
darauf legen, in der Absicht, sich in Respekt zu setzen,
so würde er ganz gewiß nur die gegenteilige Wirkung
erzielen.

Das Selbstbewußtsein, das auch den Niedrigsten als
Glied des amerikanischen Gemeinwesens erfüllt, wird
vom Staat wie von der Gesellschaft geschont, geachtet
und gepflegt. Da die „gute Behandlung" ein ebenso
elementares menschliches Verlangen bedeutet wie der
„hohe Lohn", so wird dadurch der soziale Druck nach
unten wesentlich gemildert. Die Vereinigten Staaten
waren und sind der Schauplatz erbitterter Interessen=
kämpfe; der Klassenkampf aber ist ihnen bis jetzt fern
geblieben. Auch der Proletarier pocht auf die eigene
Kraft, und der Gedanke an Hilfe von außerhalb, sogar
an Staatshilfe, ist ihm unsympathisch. Auch er will von
Niemandes Gnade abhängig, auf Niemandes Schutz an=
gewiesen sein; er kennt, wo es seinen Vorteil zu wahren
gilt, keine Rücksicht; aber er fordert auch keine. Die
Devise „Hilf dir selbst" ist dem Amerikaner so sehr in
Fleisch und Blut übergegangen, daß er nicht einmal
gegenüber den Gefahren des modernen Verkehrs für
Leib und Leben die Fürsorge anderer beansprucht. Vor=
sichtsmaßregeln, auf die sowohl unser Publikum wie
unsere Polizei um keinen Preis verzichten würden, läßt
man ruhig außer acht, da man auch die Vorsicht als
Privatsache behandelt. Wer seine geraden Glieder liebt,
der mag sie nur selber behüten. Den nämlichen Bür=
gern, denen man das Cigarettenrauchen als gesundheits=

schädlich verbietet, gönnt man umso reichlichere Gelegen=
heit, Arme, Beine und Genick zu brechen.

Dem Fehlen schroffer Klassengegensätze entspricht die
Gleichförmigkeit des äußeren Lebens. Die Sitte hat die
Amerikaner uniformiert; ihre Gewohnheiten und ihre
Neigungen, ihr Kleiderschnitt und ihre Zeiteinteilung sind
nach einem einheitlichen Modell geformt. Es ist wohl
kaum übertrieben, wenn man behauptet, daß sie alle zur
gleichen Minute ihr Tagewerk anfangen und beenden,
zur gleichen Minute sich zu Tisch setzen und vom Tisch
aufstehen. Wer eigenmächtig eine individuelle Regelung
des Tages vornehmen wollte, würde daher auf die größten
Schwierigkeiten stoßen; denn was außer der Zeit ge=
wünscht wird, dafür sind nirgends Vorkehrungen ge=
troffen. Der Deutsche, dem ein solches Dasein nach der
Uhr am wenigsten gemäß ist, sollte nicht übersehen, daß
es die äußerste Krafteersparnis ermöglicht. Nur dank
diesem pedantisch innegehaltenen Stundenplan läßt sich
ein so fieberhaftes Lebenstempo ohne allzu aufreibende
Folgen durchführen. Dank ihm schwebt auch der Müßig=
gang den angespannten Berufsmenschen nicht als die
süße, lockende Illusion vor wie bei uns. Denn wer
nichts tut, gehört eben schon damit zu jenen, die sich
dem allgemeinen Tageskreislauf nicht einfügen und da=
rum nicht wissen, wo und wie sie sich aufheben sollen.
Das ist der Grund, weshalb die Arbeitenden niemals
Sehnsucht verspüren, in Europa zu arbeiten, wohl aber
die Müßigen, in Europa müßig zu gehen. Für diese
hat die Alte Welt vorderhand noch eine bei weitem
reichhaltigere Speisekarte.

Krafteersparnis, das Ideal jeder Organisation, erstrebt

der Amerikaner sogar in seiner Redeweise. Wie er zu dem nämlichen Zweck gerade jetzt sich anschickt, die englische Orthographie zu vereinfachen, so liebt er im Ausdruck tunlichste Knappheit und Kürze. Von überflüssigen Worten ist er kein Freund, und wenn man Fragen an ihn richtet, dann muß man sich an den gedrungenen Telegrammstil seiner Auskünfte erst gewöhnen. Ja, wo die Tat die Worte entbehrlich macht, sagt er überhaupt nichts. Anfänglich begegnete es mir öfters, wenn ich einem Beamten oder Bediensteten einen Wunsch aussprach oder einen Auftrag erteilte, ohne damit die leiseste Gegenäußerung hervorzurufen, daß ich mich nicht verstanden glaubte; aber mittlerweile war das, was ich wollte, bereits geschehen.

Erwägt man, aus wie vielen verschiedenen Elementen dieses Volk sich zusammengesetzt hat und noch fortwährend zusammensetzt, so wirkt die vollendete Einheitlichkeit seiner Sitten beinahe wie ein Wunder. Vielleicht besteht das Geheimnis darin, daß für die neu Hinzutretenden im Amerikanertum so viel innerlich Zwingendes liegt und so wenig äußerer Zwang. Sonst müßte man in der Tat vermuten, es gäbe irgendwo eine große, Tag und Nacht arbeitende Maschine, in die oben die Einwanderer aller Nationalitäten hineingeschüttet werden, und aus der unten die fertigen Amerikaner herausfallen.

Schluß

Durch die freundliche Vermittelung des Deutschen Botschafters, Baron von Speck=Sternburg, wurde ich während meines Aufenthaltes zu Washington vom Präsidenten Roosevelt in Privataudienz empfangen. Als ich zur angezeigten Stunde im Weißen Hause vorsprach, wies der Diener, dem ich meine Karte übergab, mich in den zu ebener Erde, dem Haupteingang gegenüber gelegenen Empfangssalon und sagte mir, der Präsident werde alsbald erscheinen. Ich hatte in dem hohen und lichten, aber etwas steifen und kahlen Repräsentationsraum, an dessen ovalen Wänden sich eine Garnitur von blauen Empiresesseln entlang zieht, und aus dessen Verandafenstern man in den schönen Park hinausblickt, nur wenige Minuten zu warten, bis der Präsident eintrat. Er war allein, und nicht anders als ein Privatmann einen Besucher empfängt, hieß er mich willkommen, zog einen Sessel herbei und setzte sich mir gegenüber, um mit mir zu plaudern. Kein äußeres Merkmal erinnerte daran, daß ich mich vor dem Staatsoberhaupt eines der mächtigsten Reiche der Erde befand.

Präsident Roosevelt ist mittelgroß, untersetzt, muskulös; man könnte ihn nach seiner Erscheinung für einen Mann der Wissenschaft halten, aber nicht für einen

stubenhockenden, sondern für einen jener amerikanischen
Gelehrten, die ihren Körper ebenso geflissentlich gestählt
haben wie ihren Geist. Er sieht wesentlich jünger aus
als auf seinen Bildern. Keine der allgemein verbreiteten
Aufnahmen, soweit ich sie kenne, ist wirklich ähnlich.
Köpfe, die, wie der seinige, ihr Charakteristisches mehr
im Ausdruck haben als in der Form, lassen ja die photo=
graphische Kunst fast immer versagen. Man würde diesen
Kopf nicht zu den eigentlich bedeutenden zählen können,
wäre er nicht in seiner Ausarbeitung Zeuge eines un=
gewöhnlichen Naturells und einer noch ungewöhnlicheren
Lebenskraft. Unter dem kurzen, blonden, etwas struppigen
Haupthaar wölbt sich eine zwar nicht sonderlich hohe,
aber prachtvoll modellierte breite Stirn; durch den Kneifer
blitzen die Augen mit beinah unheimlicher Schärfe. Der
herabhängende Schnurrbart bedeckt fleischige, ein wenig
wulstige Lippen. Das feste, derbe Kinn vollendet die
Straffheit der in stramme Willenszucht gespannten Ge=
sichtszüge. Der Mund öffnet sich beim Sprechen ziem=
lich weit, ein gesundes Raubtiergebiß zeigend, und stößt
die Worte ruckweise hervor, als würde jedes einzelne
aus dem Gehege der Zähne erst entlassen, nachdem ihm
ein eigener Stempel aufgedrückt worden. Der ganze
Mann scheint mit Energie geladen wie eine Leidener
Flasche, die bei der leichtesten Berührung Funken sprüht.

Der Präsident betonte zunächst seine Freundschaft
für den Deutschen Botschafter und fragte mich dann nach
den Erfahrungen, die ich während meines Aufenthaltes
im Lande gesammelt. Als ich dabei besonders die Über=
raschungen hervorhob, die mir durch die zunehmende
Verbreitung deutscher Sprachstudien in Amerika bereitet

worden, äußerte er hierüber seine lebhafte Befriedigung.
Er sagte, daß er selbst von jeher eine große Vorliebe
für die deutsche Sprache besessen habe, aber sie zu sprechen
doch Bedenken trage (unser Gespräch wurde auf Englisch
geführt), da er ganz aus der Übung gekommen sei. Dagegen habe er zu keiner Zeit auf den Genuß verzichtet,
Deutsch zu lesen, und zwar falle ihm die Lektüre unserer
Poesie leichter als die unserer Prosa. (Sonst pflegt es
umgekehrt zu sein.) Auch mir — wie vor mir vielen
anderen deutschen Besuchern — bekannte er sich als Be-
wunderer altdeutscher Dichtung, vor allem des Nibelungenliedes; von diesem unserem Nationalepos habe er
namentlich den zweiten Teil, Kriemhilds Rache, ins Herz
geschlossen, der ein erhabenes Meisterwerk sei. Er wiederholte zur Bekräftigung mehrmals das Wort: „A master
work!" Dieses mittelhochdeutsche Gedicht zu lesen und
zu verstehen koste ihn geringere Mühe als die Lektüre
des angelsächsischen Epos Beowulf, vielleicht auch darum,
weil es ihn durch seinen Inhalt weit mehr fessele. Er
erwähnte die Prachtausgabe des Nibelungenliedes, die
ihm der Deutsche Kaiser zum Geschenk gemacht habe, und
ging sodann mit Wärme auf meine Bemerkung ein,
welcher wichtigen Aufgabe die verschiedenen Versuche
dienen, beide Länder in nähere geistige Beziehungen zu
bringen. Er versicherte mir, daß er alles, was in dieser
Richtung unternommen werde, mit Interesse verfolge,
mit Beifall begrüße und, soviel an ihm liege, fördern
wolle. Er zweifele auch keinen Augenblick an dem praktischen Erfolg dieser Bestrebungen, für die ja nunmehr
in dem Professorenaustausch eine neue glückliche Form
gefunden worden sei. Nach einer kleinen Viertelstunde

erhob sich der Präsident, zum Zeichen, daß die Zeit, die er mir widmen konnte, verstrichen war, und verabschiedete mich mit herzlichen Worten und mit einem Händedruck, der das Resultat langjähriger Trainierung in fast schmerzhafter Deutlichkeit zusammenfaßte.

Was man über die Hauptakteure der öffentlichen Schaubühne hört und liest, dahinter setzt man unwillkürlich ein skeptisches Fragezeichen, da ihr Charakterbild meist von Leuten entworfen wird, die ihnen nicht nahe genug stehen, um sie richtig, oder zu nahe, um sie unbefangen beurteilen zu können. Weiß man doch nicht einmal von ihren Taten mit Sicherheit, wie weit sie eigener oder fremder Initiative entspringen, und ob zu deren endgültiger Wertung nicht Umstände in Betracht kommen, die sich vorläufig der Kenntnis entziehen. Aber wer in diese sprühenden Augen geblickt, den hämmernden Klang dieser Stimme gehört hat, der erhält unmittelbare Gewißheit, daß Theodore Roosevelt nicht die gleichgültige Spitze einer Beamtenhierarchie, nicht ein kalter Mathematiker der Staatskunst und erst recht nicht ein ehrsüchtiger Streber ist, sondern ein heißblütiger Patriot, dessen persönliche Lauterkeit ja nicht einmal von seinen politischen Widersachern angetastet wird. Dieser berühmte Reiter weiß aber auch sein eigenes schäumendes Temperament im Zügel zu halten und ihm die Gangart aufzuzwingen, die bald von großen Zielen, bald von kleinen Rücksichten gefordert wird. Er wird jedenfalls, ob er zäumt oder spornt, nie das Wohl und die Zukunft seines Volkes aus dem Auge lassen, und ich glaube, daß er zu den Politikern gehört, die der Aufrichtigkeit mehr Erfolge verdanken als dem Versteckspiel. Schwer-

lich ist er jenen Größten beizuzählen, die eine ganze Gene=
ration modeln nach ihrem Ebenbild und das Losungswort
von morgen dem anfangs ungläubigen Heute vorausver=
künden. Aber dafür besitzt er eine seltene Hellhörigkeit
für das Raunen des Volksgewissens und reagiert auf
die leisesten Schwingungen der amerikanischen Seele wie
der Seismograph auf das unmerkliche Beben des Erd=
bodens. Das bezeugt er auch durch ein Verhalten, aus
dem seine Gegner ihm einen Strick zu drehen suchen.
Sie machen es ihm nämlich zum Vorwurf, daß er einen
monarchischen Glanz entfalte, der weder mit der Tradition
seines Amtes noch mit den republikanischen Maximen in
Einklang zu bringen sei. Aber wenn er das tut, und
zwar noch immer in einem recht bescheidenen Maßstab,
so geschieht es wohl kaum zu eitler Selbstbespiegelung,
sondern in der instinktiven Erfüllung eines instinktiven
Wunsches der amerikanischen Volksmehrheit. Das groß=
gewordene Amerika will seine Größe nicht nur auf dem
Papier sehen, sondern sich dekorativ vor die Sinne
rücken. Darum ist ihm die einstige patriarchalische
Schlichtheit wie eine verwachsene Jacke, die es wenig=
stens zeitweilig mit Gala zu vertauschen verlangt; darum
freut es sich, wenn sein Präsident im Namen der Ver=
einigten Staaten vierspännig fährt.

Unzweifelhaft genießt er im Lande eine Popularität
wie keiner seiner Vorgänger seit Lincoln; auch das An=
sehen, das er als eine der markantesten und zugleich
sympathischsten Erscheinungen der Zeitgeschichte sich in
Europa erworben hat, mußte rückwirkend sein Relief bei
seinen Landsleuten erhöhen. Aber bereits in zwei Jahren
wird seine Amtsperiode abgelaufen sein, und selbst wenn

er von dem Entschluß, nicht noch einmal zu kandidieren,
zurückkommen sollte, wird seine Wiederwahl von dem
unberechenbaren Ausgang des Parteikampfes abhängen.
Länger als nochmals vier Jahre könnte er unter keinen
Umständen das Weiße Haus bewohnen, da zwar nicht
die Verfassung, aber die fast ebenso heilig gehaltene
Überlieferung einen Präsidenten mehr als zweimal zu
erwählen verbietet. In Frankreich, wo die Amtszeit des
Staatsoberhauptes sieben Jahre umspannt, kennt man
diese Einschränkung nicht; allerdings sind dafür die
Machtbefugnisse des Präsidenten der Vereinigten Staaten
sehr viel weiter ausgedehnt und erstrecken sich noch auf
einen nicht unbeträchtlichen Teil der Rechte, die in der
Französischen Republik dem Ministerpräsidenten vorbe=
halten sind. Ob die grundsätzliche Durchführung eines
so häufigen Personenwechsels an der höchsten und ein=
flußreichsten Stelle der Regierung, den ja stets auch ein
Systemwechsel begleitet, so außerordentliche Vorteile in
sich schließt, daß seine auf der Hand liegenden Nachteile
sie nicht überwiegen, darüber mögen Politiker von Fach
entscheiden. Mir will scheinen, daß der rechte Mann
am rechten Platz einen zu seltenen Glücksfall darstellt,
um den prinzipiellen Verzicht auf dessen Ausschöpfung
in irgend einer Staatsform zu rechtfertigen, und daß
ein Baumeister nicht ermutigt wird, nach groß angelegten
Plänen ein Gebäude zu beginnen, das nicht in vier und
nicht in acht Jahren unter Dach gebracht werden kann,
wenn schon vorher die Unmöglichkeit, es selbst vollenden
zu können, die Unsicherheit, ob es von anderen vollendet
werden wird, ihm vor Augen steht. Auch der redlichste
Wille, auch die gewaltigste Tatkraft werden so gehindert,

mit allgemein empfundenen Mißbräuchen gründlich auf=
zuräumen. Wer die politische Korruption, diesen häß=
lichsten Flecken auf dem Ehrenschilde der Vereinigten
Staaten, wegfegen wollte, der müßte wenigstens einige
Garantien haben, daß sie nicht zuvor ihn wegfegt.

Roosevelt ist heute achtundvierzig Jahre alt. Man
vermag sich schwer vorzustellen, daß ein solcher Mann,
fünfzigjährig, im Schatten des Privatlebens, ein guter
Bürger unter anderen, verschwinden soll. Man vermag
sich nicht minder schwer vorzustellen, daß er als Gou=
verneur eines Einzelstaates, als Kongreßmitglied, Sena=
tor oder Parteiführer seine Fähigkeiten und Erfahrungen
wieder einem engeren politischen Wirkungskreise widmet.
Aber was er auch künftighin tun wird, es wird nichts
Halbes sein, und er wird entweder noch viel oder gar
nicht mehr von sich reden machen. —

Die Absicht dieser Aufzeichnungen wäre erfüllt, wenn
ich hoffen dürfte, ein treffendes Bild gegeben zu haben
von dem, was mir in Amerika sehenswürdig und denk=
würdig vorkam. Der Lückenhaftigkeit des Bildes bin
ich selbstverständlich mir wohl bewußt; ich wollte jedoch
weder Oftgesagtes und Allbekanntes wiederholen, noch
bei Gegenständen, die meinem Sachverständnis entrückt
sind, den Kennern ins Handwerk pfuschen. Ohne Frage
ist meine Darstellung auch in gewissem Sinne einseitig,
insofern ich Land und Volk und Leben hauptsächlich von
der Sonnenseite zu sehen bekam. Umso besser ergänzt
sie die vielen Schilderungen, die hauptsächlich bei den
Schattenseiten verweilen. Ich weiß, daß es an solchen
dort ebensowenig fehlt wie anderwärts, und ich habe ja
auch rückhaltlos ausgesprochen, was mir mißfiel. Aber

ich glaube, daß, wer von fremdem Volkstum erzählt, sowohl dem Lande, das er bereist hat, als auch ganz besonders seinem eigenen durch die Anerkennung von Vor-
zügen einen größeren Dienst leistet als durch die Hervor-
hebung von Mängeln. Überhaupt können wohl unserer
so gern negierenden Zeit die herrlichen Goethe-Worte
nicht oft genug ins Gedächtnis gerufen werden: „Wenn
ich das Schlechte schlecht nenne, was ist da viel gewonnen? Nenne ich aber gar das Gute schlecht, so ist
viel geschadet."

Man sollte annehmen, die Leichtigkeit des modernen
Reisens müßte, indem sie die Völker einander näher
rückt und in persönliche Beziehungen bringt, ihre gegenseitigen Vorurteile zerstören. Aber an Stelle der zer-
störten schafft sie neue. Denn die seßhafte Mehrheit
bildet sich heutzutage ihre Begriffe vom Charakter und
Wesen eines anderen Volkes nach den Touristen, die es
ihr zuschickt. Wenn der Durchschnittsdeutsche von den
Engländern spricht, so meint er damit die in Deutschland
reisenden Engländer; so geht es den Franzosen mit den
Deutschen, so den Europäern mit den Amerikanern. Es
sind nicht immer die besten Elemente einer Nation, von
denen sie unterwegs vertreten wird, und auch die besten
zeigen sich bei dieser Gelegenheit nicht immer im besten
Licht. Wer ohne professionelle Zwecke zu seinem Vergnügen, zu seiner Erholung reist, der hat Ferien, vor-
übergehende oder dauernde, und völlige Muße steht nur
den allergeschmackvollsten Menschen, den allerfeinsten
Geistern zu Gesicht; die übrigen kleidet sie nicht eben
vorteilhaft. Ihre Menschenwürde braucht, um sich auszudrücken, das Gebundensein, den Beruf, die Beschäfti-

gung. Um aus dem Reisen selbst einen Beruf oder nur
eine ernsthafte Beschäftigung zu machen, dazu fehlen ihnen
die Vorbedingungen. Sie wissen nur mit ihrem Über=
fluß an Zeit und an Geld sonst nichts Gescheites an=
zufangen, und da die absolute Untätigkeit sie langweilen
würde, so greifen sie zur Scheintätigkeit der Ortsver=
änderung. Will sagen, sie bummeln in der Welt herum.
Der Bummler aber ist von allen denkbaren Typen am
wenigsten geeignet, für das Volk, dem er angehört,
Modell zu stehen.

Wenn Deutsche nach England kommen, so wundern
sie sich, daß die Engländer daheim so gar nicht den
Vorstellungen entsprechen, die von den Engländern auf
dem Kontinent in ihnen erweckt worden sind. Daß sie
die Amerikaner zu Hause aufsuchen, ist noch immer ein
Ausnahmefall, und so wird die Meinung, sie glichen
den ungebildeten Nabobs, die Europa unsicher machen,
sich langsamer korrigieren. Die Leute, die mehr verdient
als gelernt haben und nun die Welt umsonst nach einer
Materie durchsuchen, mit der sie ihre innere Leere aus=
füllen könnten, gleichen sich überall. Wenn Amerika sie
in den zahlreichsten Exemplaren versendet, so beweist es
damit nur seine größere wirtschaftliche Prosperität.

„Der Roman soll das deutsche Volk da suchen, wo
es in seiner Tüchtigkeit zu finden ist, nämlich bei seiner
Arbeit.“ Dieses Motto von Freytags „Soll und Ha=
ben“ gilt nicht nur vom Roman und nicht nur vom
deutschen Volk; es gilt von jeder Betrachtung, die irgend
einer Nation gerecht zu werden wünscht. Um das ameri=
kanische Volk zu würdigen, muß man es aber nament=
lich auch bei seiner geistigen Arbeit aufsuchen. Dann

erst betritt man die Werkstätte, in der es beflissen ist, sein verheißungsvollstes Rüstzeug zu schmieden.

Das drüben so ausgiebig angefachte Interesse für deutsches Wesen wird man hüben am besten rege erhalten können, indem man es erwidert. Nicht ohne Grund fühlen die Amerikaner sich in dieser Hinsicht von uns noch ein wenig vernachlässigt, und in je häufigeren Fällen sie wahrnehmen, daß wir nicht genug von ihnen wissen, desto näher wird ihnen der Verdacht liegen, daß wir nichts von ihnen wissen wollen. Die Brücke über den Ozean muß von beiden Seiten zugleich geschlagen werden: ein günstiger Zeitpunkt, sie auszubauen, würde nicht so bald wiederkehren, wenn wir den jetzigen versäumten. Deshalb tut es not, die bereits vorhandenen Ansätze planvoll weiterzuführen und zu ergänzen. Es tut not, neben den längst bestehenden Verbindungen der Diplomatie und des Handels möglichst vielfältige, möglichst innige intellektuelle Verbindungen anzuknüpfen.

Wenn die „Germanistische Gesellschaft" die Förderung nicht nur der deutschen Bildung in Amerika, sondern auch der amerikanischen in Deutschland auf ihr Programm gesetzt hat, so dient sie ja dieser zweiten Aufgabe schon dadurch, daß sie deutsche Gelehrte und Schriftsteller zum Besuch der Vereinigten Staaten veranlaßt und sie befähigt, den dort genossenen Anschauungsunterricht daheim für ihre Landsleute fruchtbar zu machen. Jung, wie sie ist, muß sie zunächst noch experimentieren, und daß sie bei den Vorbereitungen meiner Rundreise zum erstenmal die bisher der gegenseitigen Fühlung ermangelnden verwandten Vereine und Körperschaften in den verschiedenen Städten zur Mitbeteiligung

heranzog, war ein solches Experiment, dessen glückliches
Gelingen voraussichtlich einen dauernden Zusammen=
schluß in Form eines Kartells zur Folge haben wird.
Auch der offizielle Professorenaustausch der Universitäten
befindet sich ja zunächst noch im Versuchsstadium. Man
mag, wenn auch nicht seinen ideellen, so doch seinen
praktischen Wert anzweifeln, solange die wechselsweise
gastierenden Hochschullehrer nur eine neutrale Fach=
wissenschaft dozieren. Sie werden dann durch ihren
Aufenthalt zwar ihren eigenen Gesichtskreis erweitern,
zum Nutzen ihrer Schüler im Vaterlande; aber ihren
Schülern in der Fremde werden sie der Hauptsache nach
stofflich nichts anderes zu bieten haben, als was diese
auch von einheimischen Lehrern erfahren können. Ganz
anders liegt die Sache, wenn sie kommen als die Ver=
fündiger ihrer eigenen heimischen Kultur; erst damit
wird die Einrichtung, indem sie nicht nur Personen,
sondern Kenntnisse und Anschauungen zum Austausch
bringt, zu ständiger Bedeutsamkeit erhoben. Wie heute
schon an den meisten amerikanischen Universitäten ge=
borene Deutsche ihre Hörer über Deutschland unter=
richten, so sollten auch bei uns möglichst überall geborene
Amerikaner die Geschichte, die Verfassung und das Recht
der Vereinigten Staaten vortragen, deren natürliche,
wirtschaftliche und soziale Lebensbedingungen beleuchten.
Noch wichtiger und wertvoller als selbst ein derartiger
Professorenaustausch erscheint mir der Austausch der
Studenten. Die Zahl der deutschen Hörer an amerika=
nischen Hochschulen soll hinter denen der amerikanischen
an deutschen nicht mehr so weit wie bisher zurückbleiben.
Unserer wißbegierigen und aufnahmefähigen Jugend soll

Gelegenheit geschaffen werden, ein Entwicklungsjahr in der Neuen Welt zu verbringen, die eine neue Welt von Anregungen für sie bereit hält. Wie die Akademien begabten jungen Künstlern Preise und Stipendien für einen Aufenthalt in Rom zuwenden, so müssen Preise und Stipendien gestiftet werden, um den angehenden Gelehrten, namentlich den Studierenden der Jurisprudenz, Geschichte, Nationalökonomie und Staatswissenschaft, einen Aufenthalt in Amerika zu ermöglichen. Und warum sollten nicht auch junge Mädchen, ebensogut wie man sie einem Pensionat in der Französischen Schweiz oder in England anvertraut, auf ein oder zwei Jahre in ein amerikanisches College geschickt werden? Sie würden dort an Leib und Seele keinen Schaden nehmen, vielmehr mit reicher geistiger Ausbeute, mit gefestigter Selbständigkeit und mit einem Anhauch der dort herrschenden köstlichen Lebensfrische heimkehren.

Daß dieses jüngste und räumlich größte Kulturland der Erde noch nicht fertig ist, darauf beruht gerade der einzigartige Reiz, der verjüngende Zauber, den es auf seine Besucher ausübt. Wer sich andächtig in das Gewesene versenken will, der muß nach dem Orient pilgern; wer das Bestehende in seiner höchsten und feinsten Blüte genießen will, der findet es nur in Europa; Amerika aber ist das gegebene Wanderziel für jeden, den das Werdende lockt. Nur dort steht er unmittelbar am „sausenden Webstuhl der Zeit" und sieht aus tausend und aber tausend Fäden ein Gewebe wirken, dessen Muster gegenwärtig noch nicht zu überblicken ist. Nur dort vermag er einem Drama zu folgen, das vorher von der Menschheit noch nicht gespielt wurde. Mit dem

Herzklopfen der äußersten Spannung wohnt er einer
Uraufführung bei und fragt sich, zu welchem Gipfelpunkt
die mächtig bewegte Handlung wohl noch führen wird.

Nur eine müßige Prophetie kann sich unterfangen,
der Entwicklung dieses Weltschauspiels vorzugreifen.
Aber ein dramatischer Konflikt läßt sich in der Seele
seines Helden schon jetzt deutlich erkennen. Dieser Held,
der junge amerikanische Herkules, steht am Scheidewege;
nach zwei entgegengesetzten Richtungen drängend, ringen
in ihm zwei einander feindliche Gewalten. Die eine
heißt Ausbreitung und Macht; die andere heißt Ver-
innerlichung und Vertiefung. Welcher von beiden wird
er nachgeben? Wird er im Rausche des Imperialismus
darauf ausgehen, die Welt zu beherrschen, oder wird er
als der Friedensherold, zu dem seine Väter einst ihn bestimmten, seinen Ehrgeiz nur darein setzen, ihr voranzu-
schreiten? Kein heute Lebender wird die Lösung erfahren.
Sollte wirklich das Expansionsgelüst zum vorwaltenden
Trieb der amerikanischen Volksseele werden, so würde es
in dem eigenen riesenhaften Erdteil noch auf Jahr-
hunderte hinaus Sättigung finden. Aber selbst vom
Standpunkt jener Realpolitik, deren leitender Grundsatz
das Mißtrauen ist, die in allen Menschheitsfragen lediglich Machtfragen erblickt und von ihren Gewichtsbe-
rechnungen die moralischen Imponderabilien ausschließt
(als hätten sie noch nie in der Geschichte den Aus-
schlag gegeben!) — selbst von diesem Standpunkt wäre
es lächerlich, den Vereinigten Staaten keine andere
künftige Bestimmung zuerkennen zu wollen als die eines
bedrohlichen Ungeheuers, das in seiner Höhle auf Raub
lauert. Nicht mehr und nicht weniger als jedes Staats-

wesen werden sie von einem gesunden Egoismus gelenkt;
doch daß ihm eine andere Gewalt ausgleichend ent=
gegenwirkt, kann nur leugnen, wer von den sittlichen
Kräften in dieser Nation keine Ahnung hat. Ich ver=
traue diesen Kräften, weil ich sie am Werke sah, und
der Heimat treu bleibend, habe ich an trüben Tagen
fortan nur nötig, meine Gedanken übers Meer zu senden,
damit in ihrem Reiche die Sonne nicht untergeht.

In der Frühe eines wundervollen Maimorgens be=
trat ich nach der Rückfahrt in Cherbourg wieder den
europäischen Boden. Eine Fahrt von wenigen Stunden
durch den prangenden Garten Frankreichs, und Paris,
doppelt unwiderstehlich in seinem duftigen Frühlings=
kleid, schien mich mit seinem koketten Sirenenlächeln wie
die Königin im Schneewittchen zu fragen: Wer ist die
Schönste, nicht nur im ganzen Land, nein, in allen Lan=
den? Nochmals eine Fahrt von wenigen Stunden, da
lag Frankreich hinter mir, und ich sah den deutschen
Rhein schimmern. Wie scheint das alles, wenn man
von da drüben kommt, eng beieinander! Immer nur eine
Fahrt von wenigen Stunden bis zu einer Landesgrenze,
Reich um Reich; und alle diese Reiche, teilweise nicht
größer, teilweise kleiner als mancher von den sechsund=
vierzig Staaten der Union, stehen einander bis an die
Zähne bewaffnet gegenüber. . . .

Frankreich und Deutschland im Mai! Wie ein Trun=
kener möchte man westwärts rufen: Ja, du Schnee=
wittchen über den Wassern, die alte Königin Europa ist
noch immer schöner als du! Du große, begnadete Natur
da drüben, hast du im Liebesbunde mit dem Genie die
Kunst gezeugt? Hat diese hehre Tochter dich mit Blumen

zu dir ausgewandert — noch nicht; und doch gibt es
Wahnsinnige, gibt es Verbrecher, die daran denken können,
sie mit Pulverdampf und Blutdunst zu dir hinüberzu=
scheuchen!

Dort ein Land, dem keine natürliche Bedingung
fehlt, um unseren Vorsprung von Jahrhunderten in
ebensovielen Jahrzehnten einzuholen; dort ein Staat,
der achtzig Millionen Menschen der verschiedensten Rassen
zu einer einigen Nation verbunden hat und für mehr als
die doppelte Zahl noch Raum bietet; dort ein ganzer Welt=
teil, den keine erobernde Invasion von außen bedroht,
und den nach menschlichem Ermessen kein innerer Zwist
mehr zerreißen wird; dort ein Volk, das durch keine
wuchtende, starre Umpanzerung gehindert wird, jeden
Muskel und jeden Nerv in friedlicher, fruchtbringender
Arbeit anzuspannen! Und hier?

Sieht nicht ein Blinder, was die unausbleibliche
Folge sein wird, wenn Europa sich weiter bekämpft und
zerfleischt? Der weltgeschichtliche Vorgang, der sich schon
einmal vollzog, damals, als die alte Herrlichkeit großer
Reiche für immer in Staub zerfiel und die Kultur von
Asien nach Europa übersiedelte, müßte sich wiederholen.
Abermals würde das Beste, was der Menschheit eigen
ist, um einen Weltteil weiter westlich wandern.

Nach jedem großen europäischen Kriege der Zukunft
werden auch die Sieger die Besiegten Amerikas sein.
Aber sogar in einem andauernden Frieden, zumal in
einem derart waffenbeladenen, werden die einzelnen Na=

hatten können. Dazu sind sie zu klein. Um die Welt-
herrschaft werden, wie einst Stadt mit Stadt, dann Gau
mit Gau, dann Land mit Land, künftig nur noch Kontinent mit Kontinent zu ringen haben, und ein zer-
stückelter muß einem ungeteilten unterliegen. Soll die
Alte Welt von der Neuen nicht in den Schatten gestellt,
nicht von ihrer Übermacht dermaleinst auch ohne feind-
lichen Zusammenstoß erdrückt werden, so hat sie nur ein
einziges Rettungsmittel. Die Hoffnung aber, daß es
rechtzeitig angewendet werden wird, scheint heute utopischer als je. Es heißt: Die Vereinigten Staaten von
Europa.